ことばが姿へ

好きなことは
やらずには
いられない

吉阪隆正との対話

アルキテクト編

建築技術

CONTENTS

Ⅱ 創造の端緒は発見にあり 053

Ⅲ　ことばの中で育ち形の中に住みつく 103

05 形姿

06 希望

Ⅳ DISCONT:不連続統一体 165

07 曖昧

08 矛盾

09 回帰

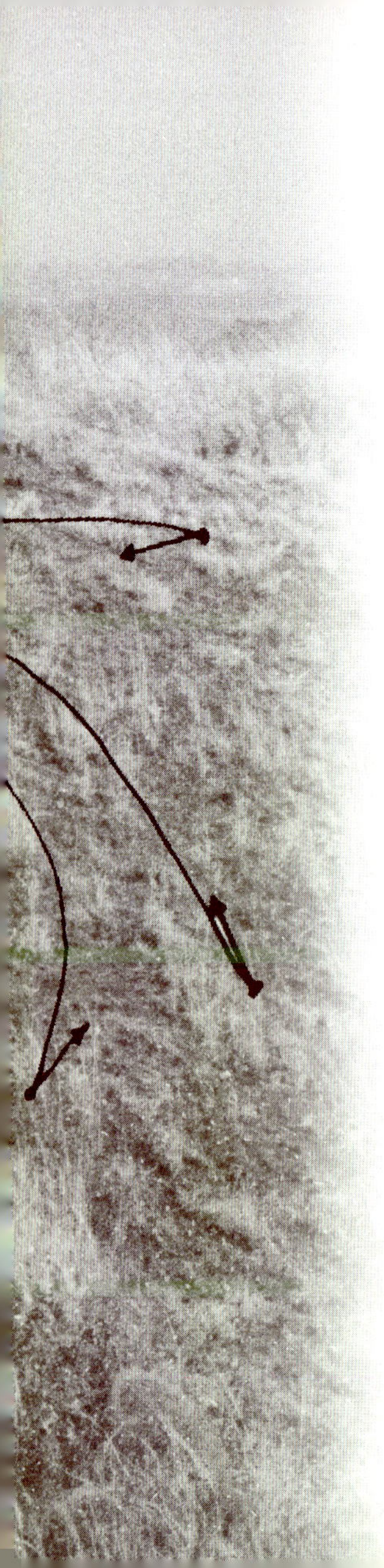

八王子大学セミナー・ハウスの敷地を歩く　1962年

始祖鳥 蘇る

樋口裕康

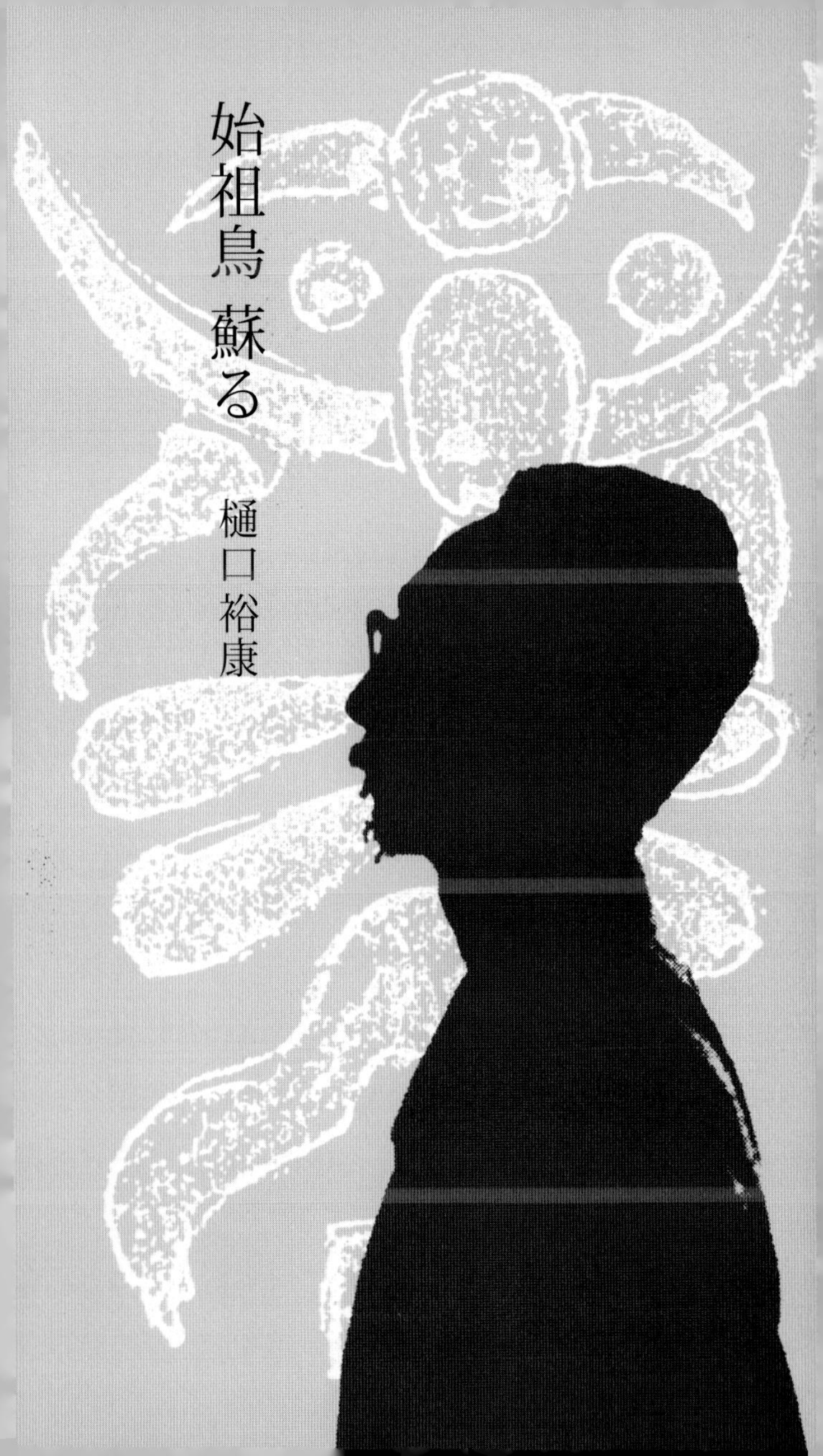

多摩丘陵、大学セミナー・ハウスの敷地。
丘の上に立ち、スケッチを始める。
筆が走る。華麗なスケッチが出来上がってゆく。
手前の桑の木々、多摩丘陵、遠くに丹沢の山々、蚕、絹、
工員の宿舎、八王子の町の過去、未来へ。
吉阪は生涯スケッチブックを手放したことがない。
手に収まるくらいの集印帖である。
和紙をお経のように製本したもので横に連続している。
私たちはそれを「パタパタ」と呼んでいた。
「風景を描く時、便利ですよ。横に長くいくらでも描けます。」
「ひっくり返すとつづきが描けて、また戻ってきますよ。」
行く先々で身近なものをなんでも描いた。
山、樹木、食物、人々、博物館で見たもの、露店、街。

吉阪にとってスケッチを残す以上に、描くこと、描いている時間が重要であった。
手を動かすことは考えること。記憶すること。
見えていない風景に想いをはせること。

「この丘を崩してはいけない。山をそのまま残そう。
建物が山を邪魔してはいけない。」

長崎、海星学園の現場。
敷地の中央に高さ十メートルを超える斜面があり、
上に小さな平面、下に大きな平面（グラウンド）をもっている。
斜面はゴミと雑草でうまっている。長崎は斜面の街。平面は貴重だ。
吉阪はゴミの山、斜面の活用を考える。平面をそのまま残す。
斜面に直角に建物を配置し、上下の平面を建物でつなぐ。

「方法を場所（現場）に押し付けない。場所から方法を見つけ出す。」

身体に速度をもっている。思考、転換、記憶、肉体と回転、展開が速い。

「速く歩くこと」これは絶対。登山の稽古でもあったのだろう。
長野県野沢温泉、スキー合宿。スキーロッジの計画も兼ねている。
吉阪は、古色蒼然としたアルピニストスタイル。
木製スキー、古い竹のストック、靴どめのカンダハー、山靴、帆布のスパッツ、
ラシャのニッカズボン、チェックのウールシャツ、ナップザック。
斜面を削り、ガシガシ登ってゆく。私達が頂上に着く頃、
「パタパタ」を広げて360度、山々を描いている。

「さあ、一服したら降りますか。」

下り途中、野沢温泉の街が一望できる山の肩でとまる。

「どんぐり型にすると雪がつもりませんよ。どうでしょう。」

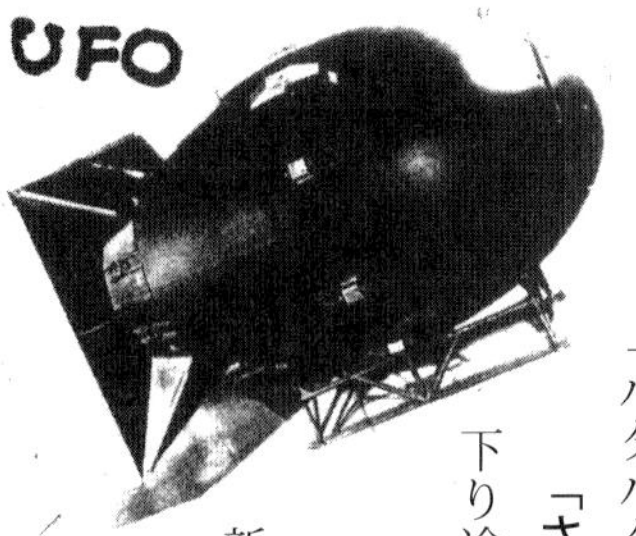

新宿で飲み、
大久保の彼の自宅「ある住居」まで歩いたことがある。
突然、吉阪が正面を横に向けて歩き出す。
速い。

皆、それにならう。十人あまりが横一列になって歩き出す。
酔っ払いの行進。カニ歩きだ。

「街がよく見えます。風景が違って見えるでしょう。」

日本、外国を問わず旅が多い。
一年の内、半分以上はいない。地球中飛び廻っている。

「ただいま帰りました。」

居間に行きウィスキーを一本もってくる。酒宴が始まる。
話し好きだ。楽しそうに笑う。ガラガラ声が笑う。
旅で描いた「パタパタ」を広げながら話す。

「イグルーが朝日に赤く染まってポツンポツンと浮かび上がる。
細く白い煙が立ち上っている。どんな家族が住んでいるのだろう。
朝ごはんは何だろう。」

「エスキモーの服、知っていますか？
襟を開閉して首の周りで完璧に空気調整ができるんですよ

衣服がイグルーより早くこの方法を発見したのではないか。」
「お金はね、空中を浮遊しているんです。
必要な時、必要なだけつかむ。残りをまた、空中にもどす。
そうすれば皆、お金に困らない。」
「外人を口説くにはね、目をじっと見つめて、
スキダ、スキダ、スキダと繰り返し心で想う。
そうすれば言葉はいりません。やってごらんなさい。」

〝そんな訳ねえだろう。〟

「本当ですよ。」やんちゃ坊主である。

語学の達人でもあった。英、仏、伊、西班牙、独、露、中、韓、十か国語以上話していただろう。
勤勉である。語学の学習は早朝、四時頃からやっていた。
中国への旅の時は、「毛沢東語録」を原書で読んでいた。
「まず相手を知らないとね。」

「帰ってくるところは必要です。
風来坊になってはいけない。
やはり考える時は日本語が一番良いようです。」

彼の故郷は
新宿百人町の自宅「ある住居」と、
U研究室（プレファブ小屋）であった。

寅さんに似ている。
好き勝手なことをする。明るく喧嘩っ早い。
皆に愛される。人の幸せを願う。
大常識、大妄想。理不尽。
サクラは吉阪ふく子と大竹十一。
ただ、大学教授では
寅さんの域まで達しなかったが。
夜中の話は寅さんのアリアを彷彿させた。

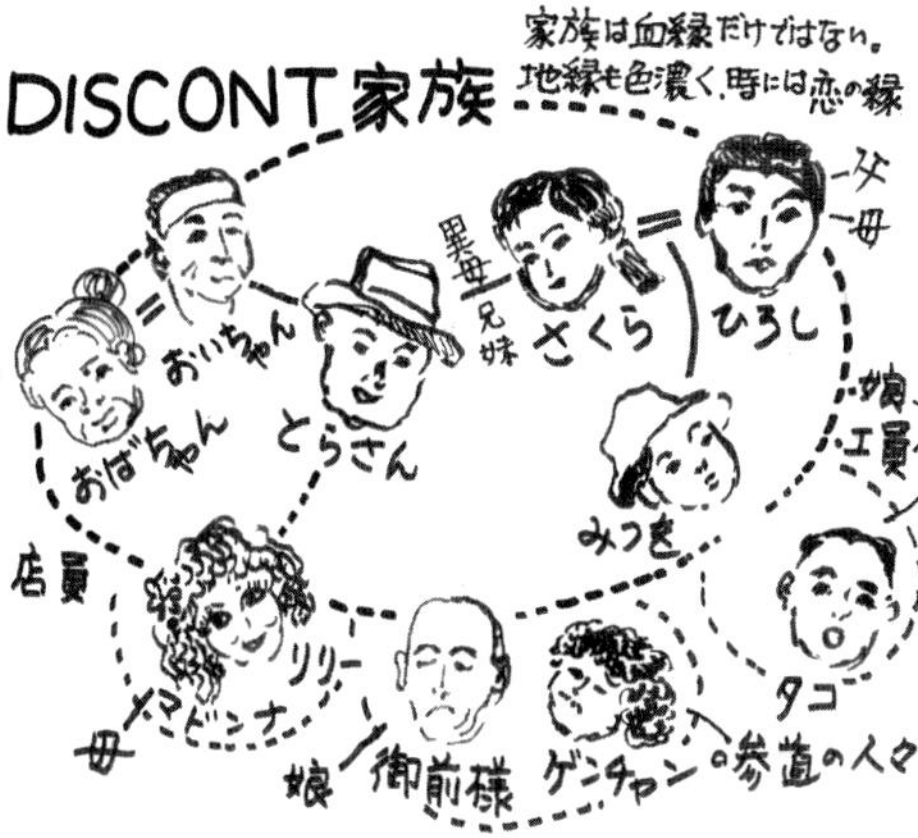

<とらや> チャブ台ー茶の間ー縁。ぬれ縁ー土間ー内庭
表通りと続く、やわらかな空間の流れは暮しを豊かにしている。又人々も、自由に自分の居場所を見つけやすく、家族のあり様にゆとりをもたしている。

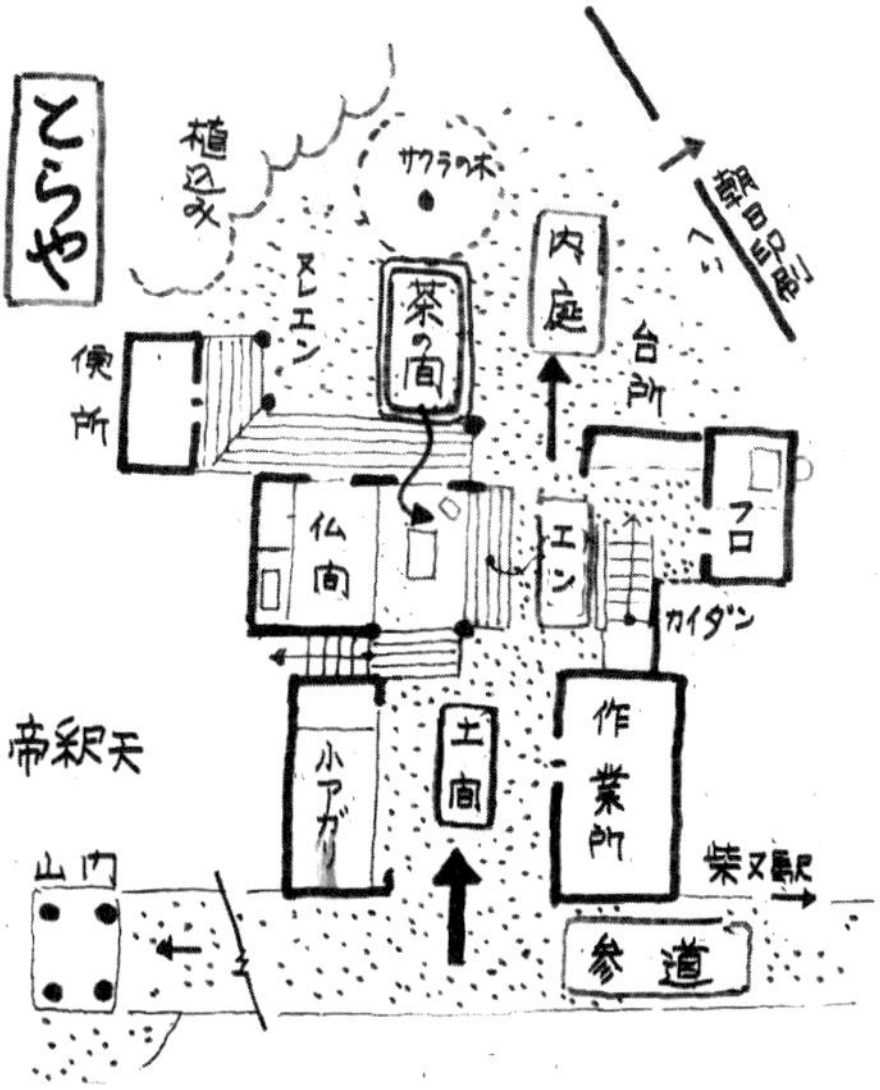

吉阪には多数の「わたくし」がいた。
吉阪は、太古からの群であった。
人類だけではなく、
カンブリア紀から続く、
生物の遺伝子が棲みついていた。
アノマロカリス、爬虫類、
恐竜、顔からして始祖鳥。
当然ながら矛盾と葛藤。

個人を大切にし、
群れを愛した。
どんな人間、
モノでも
そこにある価値がある。
デコボコ結構。

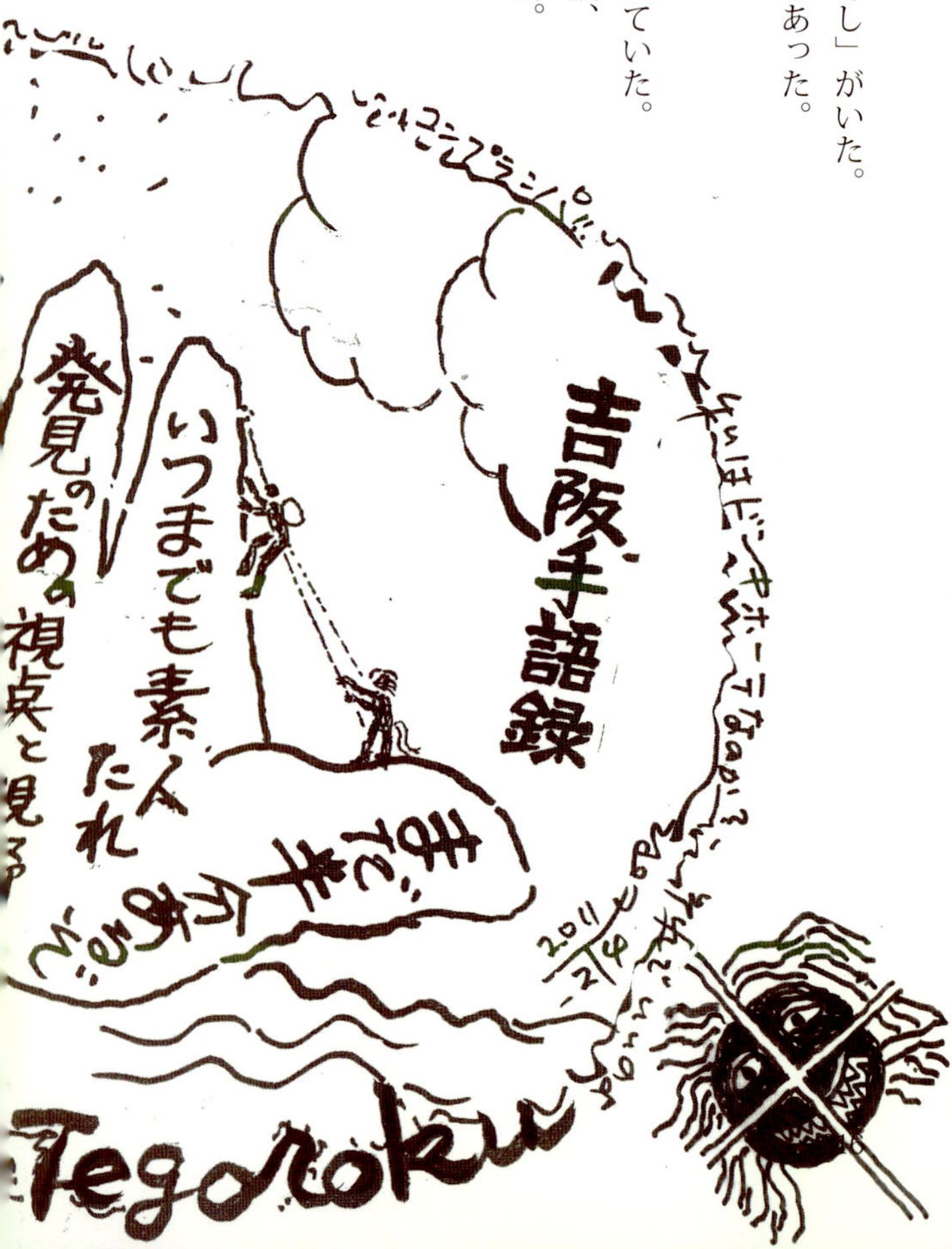

個の確立は
群の大前提だ。
不連続統一体。
矛盾を内包している
画期的な理論だ。
自由と平和。
それぞれの個人が
それぞれの場で
生き生き活動し
好き勝手なことをして、
なおかつ仲良くしようと言うのだ。

「矛盾しているから良いのだ。
矛盾の中で生き、
葛藤のすばらしさを
言い切るしか道がない。」

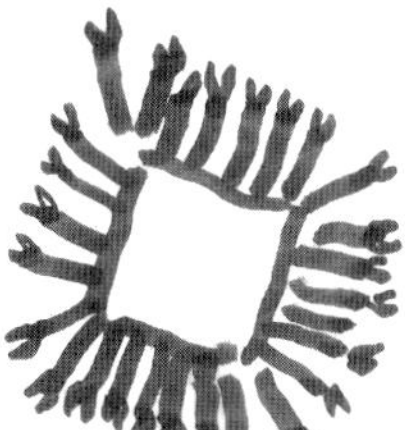

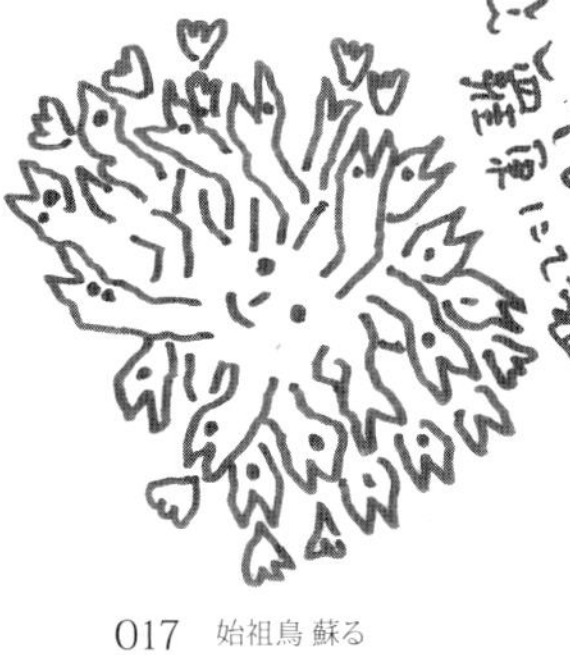

大竹十一、生涯、吉阪の群の一人。
私達に具体的に建築の作法を教えた人だ。

「鉛筆の先に全神経と全体重をのせて書くこと。」

「原寸図での線はね、空気とモノとの境界なんだよ。
線は正確に細い程よい。」

「身体を常に現場におく。体の反応を大切にしろ。」

巾木一つにしても、ありとあらゆる可能性を描く、ギリギリ考えること。
住宅の書斎の巾木、百以上、エスキースをしただろうか。大竹に説明する。

「ところでヒグッツァン、この部屋巾木いるの？」

根本的な問を忘れてはいけない。
会議には吉阪隆正、大竹十一、松崎義徳をはじめ、有象無象が集まる。
参加自由。絵を持ち寄ることが原則だ。
それぞれが好き勝手なことを言う。
的外れのような意見が尊重され、拾いあげられる。

「この三つのタイプを少し突っ込んでみるか。」

一回で方向が決まることは少ない。
感覚を大切にする。だが直感だけには頼らない。
答の可能性を目一杯に広げる。
たとえ解答が一つと思える時でも、「その他」を描くことを求める。
「その他」が重要なのだ。吉阪もまた、常に「その他」を求めていた。

有形学を立ち上げる。
個々のもの、個(私)の自由と世界の平和。
政治、経済、哲学、歴史等今までの学問体系では解決できない。
形あるものにこそ、解決のカギがあるのではないか?
だが、学問、理論になり有るのか?

「地球上には様々な形、暮らしがあるのだから、今あるものから出直してみよう。
近代ヨーロッパが築いた学問では限界がある。
原初にもどって現実を見つめ直す。なにもかもわからないのだから、
やってみるしかない。いざ有形無限世界へ旅立ち。」

ドン・キホーテとなり
ラ・マンチャの野を行く。
この世は狂っている。
悪をこらしめ、正義をつらぬくのだ。

巨大な風車に突撃。
羽根にからまり、ぐるぐる舞い。
あげくの果てに跳ね飛ばされ、満身創痍。
「あれは巨悪ではなく、
ただの風車ですよ。」
だが時には狂気は正気に勝る。

「〝負けてうれしい花いちもんめ〟
テンデバラバラ、
結構毛だらけ猫灰だらけ、
これでよいのだ。」

今、吉阪はかんそうナメクジだ。

地の底を、ごそごそ這いまわる。

空の高みから、地球を俯瞰し、世界を見つめる。

旅に終わりはない。

くりかえし、くりかえす。

「太平洋をひとめぐりした鮭が、
またもとの川にさかのぼる時の喜びに似て、
好きな水にもう一度めぐり会えた私は、
体内に力の漲っていくのを感じる。」

「まだまだこれからだ。」

「まだ半分あるぞ。」

「いつか方法を見つけてやる。」

「私はここに立つ。
ここから建築が始まる。」

I

私はどこにいるのか？

01
私

大宇宙の中の一点たる地球のその表面のある一点に存在する私。そこで何年かを過ごして死んでいく私。先祖代々がそうして来たその中での一齣としての私。大勢の他の人々も同じようにうごめいている中の一人としての私。そんな小さな存在の私ではあるが、私にとってそれは世界一の大問題なのだ。

〈住居学汎論〉一九五〇年

「私」は具体的な存在であり、具体のまま全体でありたいとするなら、その拡がりは限界以上に超えられない。その小さな世界の大切さを、大きな組織は吹っとばしてしまったのがいけないのだ。

世界の平和が成立しないのは、巨頭会談のような密度のうすい組織相互だけに頼っているからで、小さな個人の世界の小さな鎖を無数につなぐことのできる方が、どれだけ実質的かということを忘れた所にある。われわれはもっと自分らの周囲を大切にすべきだ。

〈建築〉一九六七年

私はどこにいるのか。この疑問こそすべての出発点だ

〈生活とかたち〉一九八〇年

吉阪1歳　1918年

旅行のすすめ

ときどき旅行をすることをすすめます。
金も暇もいらない魂の旅行をすることを。
この肉体の中ばかりをうろうろとしている魂に、
ときどきは肉体から飛び出して、
人の肉体の中に入ってみたり、
あるいは空高く舞い上がって
宇宙全体が見とおせるような所まで
遊びに行くことです。
銀河も、あらゆる他の星座も
小さな一つの塊に見える所まで行って、
またもとの肉体にもどってくることです。

そしてわが胸のぬくもりの中で
静かに旅の思い出にふけってごらんなさい。
顔におのずとほほえみを覚えるでしょう。
心が楽しい時、すべてのものは美しく、
生き生きとして感じられます。
いやな事があっても
それを克服する道が見えてきます。
楽しそうにしていると
周囲の人までついつられて
愉快にならずにおれません。
そのような世の中になったら
どんなに幸福でしょうか。

日本女子大学通信教育部〈住居学概論〉一九六七年

子供らは生存ということにこだわらないから、あそびが中心となる。動物の世界に近い。動きたい衝動にかられれば、何を置いても動く。動いて肉体的な快感を存分に楽しむ。まねをしてみる。まねをしてそのものになったような錯覚を楽しむ。探検や実験に打ち込む。そのスリルの中に自分の全部を注ぎ込んでしまう。力だめしをする。自分の力がどこまでか、その闘争の中に賭ける楽しみに没頭する。生命の持続のために思いわずらいはしない。こういう「あそび」はすすめたい。全く人生は楽しくなるからだ。

〈デザイン批評2〉 一九六七年

本気のあそび

あそびもあだやおろそかにできなくなる。時間つぶし、逃避、僥倖、といった消極的なことから、もっと個人の地位も財産も、名誉も、いや生命まで賭けてよいものともなり得るのだ。そうすることによって、生存のために縛られている枠からの脱皮ができ、悔いることのない生命の燃焼ができるのではなかろうか。

その世界では怒りも、悲しみも、憂いもよろこびに還元される。それをやらしてくれるのが本気のあそびだ。一切を賭けてのあそびである。そんなあそびを私はすすめたい。

〈デザイン批評2〉一九六七年

好きなことはやらずにはいられない
――生きるか死ぬか生命力を賭けて

「やらずにはいられない」と「やらざるをえない」とでは、雲泥の差があります
私は自分の携わる建築学が手放しで好きなのです。
俗に、寝食を忘れるといいますが、
人間好きなことに打ち込んでいるとき、
最も充実感を味わうのではないでしょうか。

〈エコノミックジャーナル〉一九八〇年

オペラ歌手

恋と同じ気持ちを異性ばかりでなく、仕事上にも情熱を傾けさせる。いや私のいいたいのは、そのように仕事に恋した時にはじめて、心に訴え、知恵の働いた、大胆な、世を動かしてゆくような仕事ができるということだ。「オペラ歌手は、恋する心を失ったとき声が出なくなる」といわれている。建築家は人類の生活への情熱を失ったとき、一介の技術者となってしまう。

〈朝日ジャーナル〉一九五八年

目を開いてみることだ。どんな能なしだってこの世にある以上は何か役に立つことを持っているのだ。人々が、それを生かしてやらないだけだ。人々はスターばかりに目をうばわれている。新しいものは、スターからではなく最も下積みの所から生まれる。

〈近代建築〉一九六二年

一番下のものが一番貴い。将来にすべてをかけている意味で貴い。

〈近代建築〉一九六二年

いつまでも素人であれ

まだ半分あるぞ

私はいつも、同じ状況でもこれに対する心の持ち方で異なった情況を呈すること、この絵のようであると見て来ました。

そして私はこのニコニコした男の説に従いたいと思います。

私は、欠陥の指摘ではなく、それを如何に克服できるかの提案を議論していく態度でのぞみたいと思います。昔から塵芥（じんかい）のすべてを識らなければならないようでは、人皆尋（じん）を去る、すなわちスムーズにいくものもわだかまりを生じてしまうとし、その反対に小さな良いことでも積み重ねていくと、余慶を生じるとされて来ました。

学部長告示〈告示録〉一九六九年

告示録

吉阪が早稲田大学理工学部長を務めたのは六九年七月から七二年九月まで三年あまり。折りしも大学紛争の真っ只中で、学生との交渉の矢面に立たされた。

これは六九年七月一六日付、学生がストを決行する中、学部長就任にあたっての最初の告示。「そして私はこのニコニコした男の説に従いたいと思います」と欠点の指摘ではなくそれをいかに克服するかの議論に加わるよう学生に説いた。

「まだ半分残っているぞ」「もう半分しかないや」 1969年

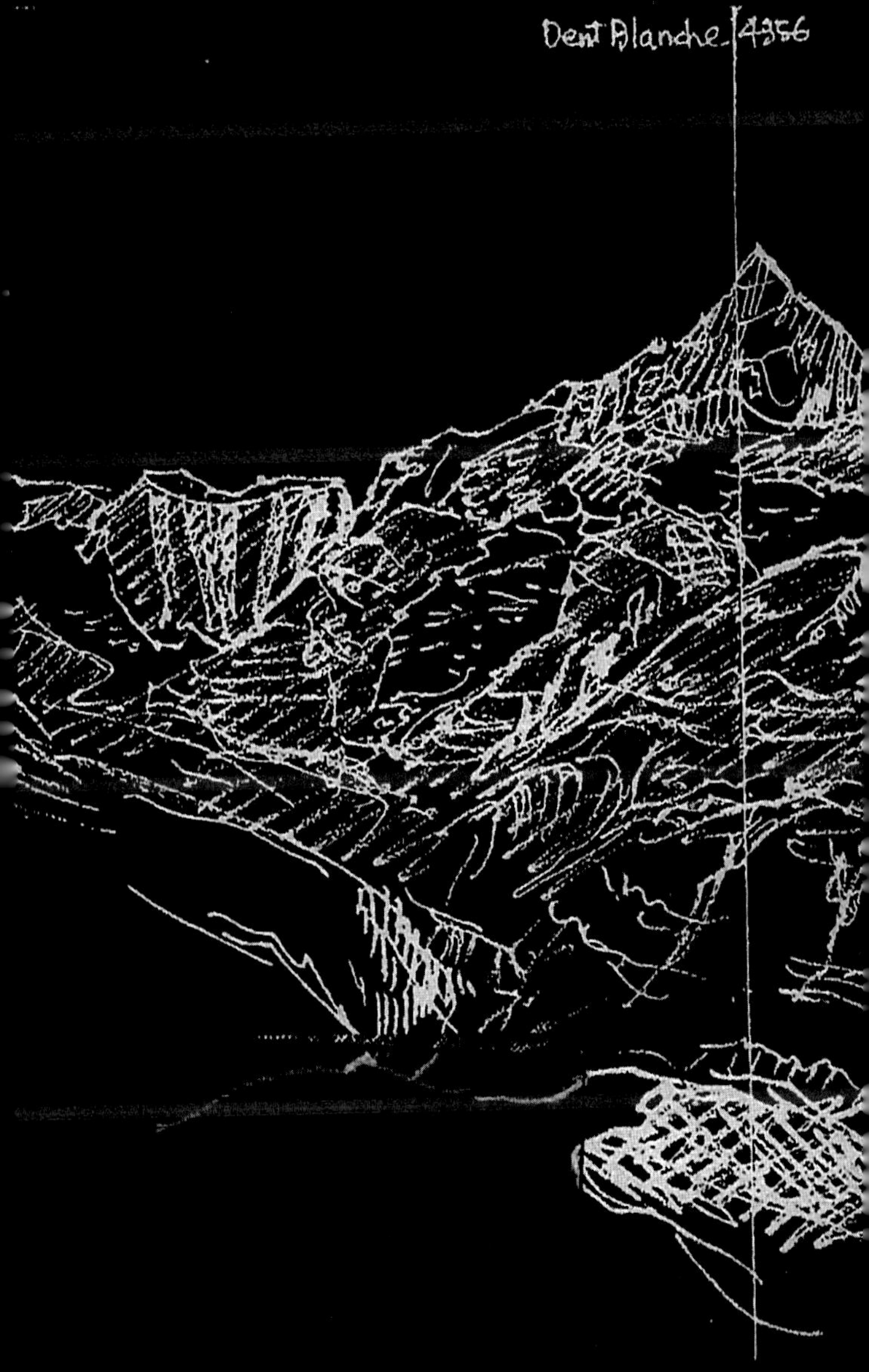
Dent Blanche 4356

02 出発点

出発点

ここでいう環境とは、
人間を中心として見たときに、
その人間を、とりまく世界のことであり、
それは、宇宙のなかの
無数にある恒星・惑星中の地球、
それもその表面という
薄い球面の僅かな層だが、
光がきらきらと輝く世界である。

なればこそ聖典の第一ページに「神光あれといいたまいければ光ありき」と書かれているのである。まだ他の星の世界のことは私は知らない。しかし少なくともこの地球の表面は、極地から赤道まで、

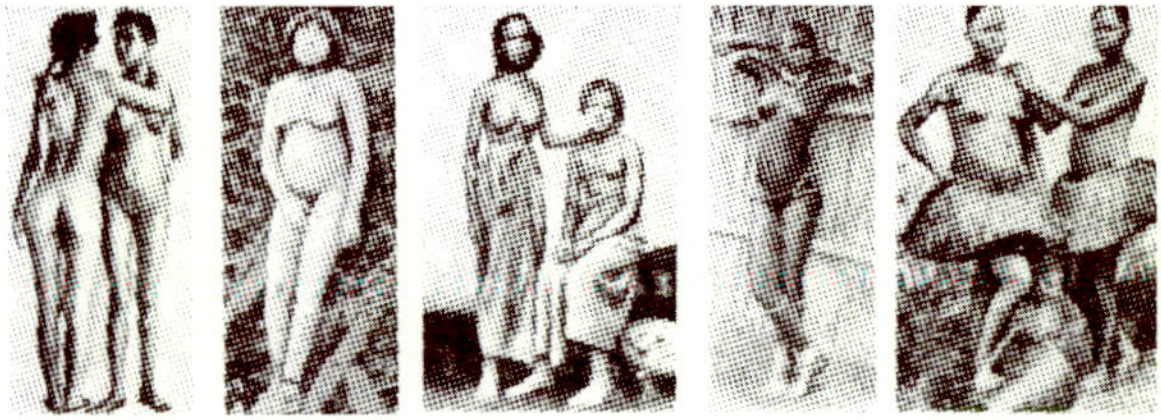

高山から深海まで、大陸から小島まで、二四時間という周期と、一年という四季の繰り返しによって、千変万化せしめられている。さらにその上に、いつ、誰がいったかわからないが、「生めよ殖えよ地に充てよ」とここ二〇数万年の間に人類は二〇数億人を数えるようになり、地球上に、ほとんど隈なく分布し、そのいろいろな自然の中で、それぞれの生活を営んで来た。ある者は牧草を求めて毎年大陸をせましと何千キロを経めぐる遊牧民となり、ある者は昼なお暗い密林に、多くの禽獣とともに原始的な生活をおくる。乾燥と酷暑に続くモンスーンと蒸し暑さ、だが豊饒な印度で栄えた者もある。炎熱の砂漠と大河の氾濫と闘って、打ち克ち、古代文化の中心を作り上げた人々もある。山紫水明で、空気の透徹したギリシャをはじめ地中海に生を楽しんだ人々も、霧に包まれ、陰鬱な天の下、痩地に力作して過ごしたイギリスや北欧の人々、一年の大部分を雪と氷に閉ざされて、白銀の世界に住む極地付近の人々、広い海を渡ってしか外界とつながれなかった大洋の中の離れ小島に流された人々、箱庭の

ように隅々まで細やかで、季節毎に変化の多い、きれいな日本に育った人々、荒漠たる原野も、人間の支配に入ったエネルギーと機械文明の力で改変してゆこうとする人々……、誠にその多様さは掲げるにいとまないほどである。

だが、その中に何か人間に共通な反応がありはしないか。反応の結果はさまざまな形をとっていても、その奥には何らかの法則が見出せるのではないか。

〈環境と造形〉一九五五年

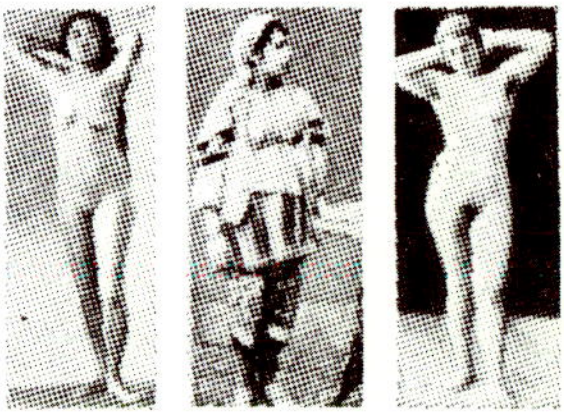

生身で世界を見直せ

生身で世界を見直せということだったのだ。北などという抽象概念に引きずり回されず、大きく見える太陽をもとにしろということだ。

〈新建築〉一九七六年

生駒山宇宙科学館　1968年

山の無言の教え 山に戻る

山の無言の教えがまた私の良心を育てる。美的感覚を、詩情を養うと共に、そこでの困難を乗り切るための正確な技術を習得していった。するとますます山に戻ることが、私の良心をたてなおす機会になっていく。

そこで得た力は、他の方面にも応用できることを知った。そしてそれは私なりに成功したと思っている。真面目に、公平に、正確に、細部にわたって、夢を見ないようにして、たゆまず探し続ける力となってくれた。それは時に人を驚かし反発を食うこともあった。しかし私の信念をくつがえしはしない。それでほめられようと考えてはいないからだ。

〈私、海が好きじゃない〉一九七三年

もしも本当に山を愛し、山に教えられ、山と一つになるならば、それは都会とも決して無縁ではなく、都会を愛し、都会に教えられ都会と一つになれる。そうしたら、山も荒らされないように、都会も荒らされずに済み、この世の中は楽しみを増すだろうにと思う。

〈岳人〉一九六七年

アラスカ、マッキンレー南西2,800mのカルトナ氷河　1960年
早大 遠征隊　吉阪が隊長

漁民はなぜ海を向いて生きるのか

〈漁民はなぜ、海を向いて集住するのか〉
ということが気になりだした。
これも、そんなことは教科書に書いてある、
「土地が狭いのと、海に近い方が便利だから」
であると言われるかもしれない。
しかし、これも事実の半面しか
語っていないようである。
なぜなら、土地の広い漁村もあるし、
海から遠くに住む漁師も多いからである。
むしろ、〈漁民は、朝の海を見て
その日の出漁を決めるのだ〉
という説明の方が説得的であろう。
しかし、これも海況予報の発達した

現代では弱い説明だろう。
だから私は、最近では
〈漁民は、海を向いていたいからなのだ〉
と考えることにしている。
そして昔から、
〈海の幸〉を迎えるようなかたちで
軒を並べることが、海の幸を豊かに
そして平等に分け合うことになるのだ、
ということを学んできたのだ。

〈北国新聞〉地井昭夫（ちい・あきお）一九八五年

丹後・伊根浦の船小屋

感性と理性

もともと人間は理性より感性の動物であった。そこにはいっぱい非合理が存在し、能率よりは執着があり、計算よりは情熱が生きている。事業と組織と、機械はこれらを持たない。持たないままで世界をのし歩きつつあるので、この怪獣に対し人々はせっかく豊かにしてはくれたけれど、生活を拡大してはくれたけれども、不信を訴えはじめた。

人間はその怪獣の単なる部品になってしまうのか、どれもこれも同じ形の互換性を要求されるのか、一体そうして動いてなにが得られるのかといった疑問がそれだ。生きるとはそんなものに成り下がったのだろうかと。

〈マイウェイ〉一九六九年

時間と空間

時間空間とは、人にとっては歴史と風土だといえよう。ある土地で祖先から住んで積み上げてきた知恵、それは時空に一致した姿といえようか。そこに示されている成果物は、厳しい状況の中での祖先の労苦の報酬なのである。注ぎ込まれた生命がひしひしと訴えてくる。世代を超えようとした文化がそこにある。単なる情報ではない。知識だけではない。

そこには人生への詩や夢が託されて、羽ばたいた想像力、時代を洞察した叡智、工夫洗練された表現などが渾然一体となっている。私たちが原始的な民族の村を訪ね、自信をもって住んでいる人たちの所を訪れる時、どんなに素朴で、拙であっても、そこから深い感動を受けるのはこのためだ。

〈生活とかたち〉一九八〇年

現在の馬とアパトサウルス

村は大きな家族、家族は小さな村

西伊豆の漁村を訪れた時、あたかも漁村全体がひとつの建築であるかのような光景を見て目が洗われる思いがしました。そこに住む人々は、あたかもひとつの家族集団のような親密な関係にありました。しかも、限られた土地と限られた海洋資源の中で、何百年と生きつづけてきたひとつの家であり家族であるわけです。

それ以来私は、〈イエとは小さなムラであり、ムラとは大きなイエである〉という考え方、見方の現実的な見本として漁村に接してきました。もしかしたらこれはまた未来社会のコミュニティのモデルになりうるのではないだろうか、その研究によって未来の都市社会にもひとつのヒントが与えられるのではないだろうかという思いも込めて全国の漁村を歩いて来ました。

〈協同組合経営研究所・研究月報〉地井昭夫（ちい・あきお）一九七四年

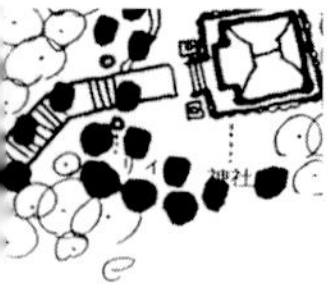

村がもつ「手」と「ふところ」

半農半漁の下北の村は海岸沿いの狭い平地に点在する。古くから舟で、ムラ同士はむろん、陸路をゆけば大変遠い青森や津軽半島、道南地方とも海をわたって多くの往来があった。また、単なる交通だけでなく出稼ぎという定住地を移動する生活形態を持っている。一方、ムラの内部に目を向けると相手と結び合う「手」（港）、これに連続する相手を迎え入れる「ふところ」（作業場、歩行者のミチ、広場、神社の境内など）をもっている。人が集まり住むところは、必ず「手」と「ふところ」をもつものであるが、これらの小さなムラでは面積の上でも、生活全般にわたっても大きな比重を占めている。我々が下北のムラにみる未来性は、このように広く自由な生活領域をもつことであり、これを可能にする「手」と「ふところ」を備えたムラの環境である。「手」と「ふところ」は二十一世紀のネットワークシティでも姿や量を変えてあらわれてくるだろう。

〈日本の未来設計＝21世紀の日本列島像〉
大竹康市（おおたけ・こういち）一九七〇年

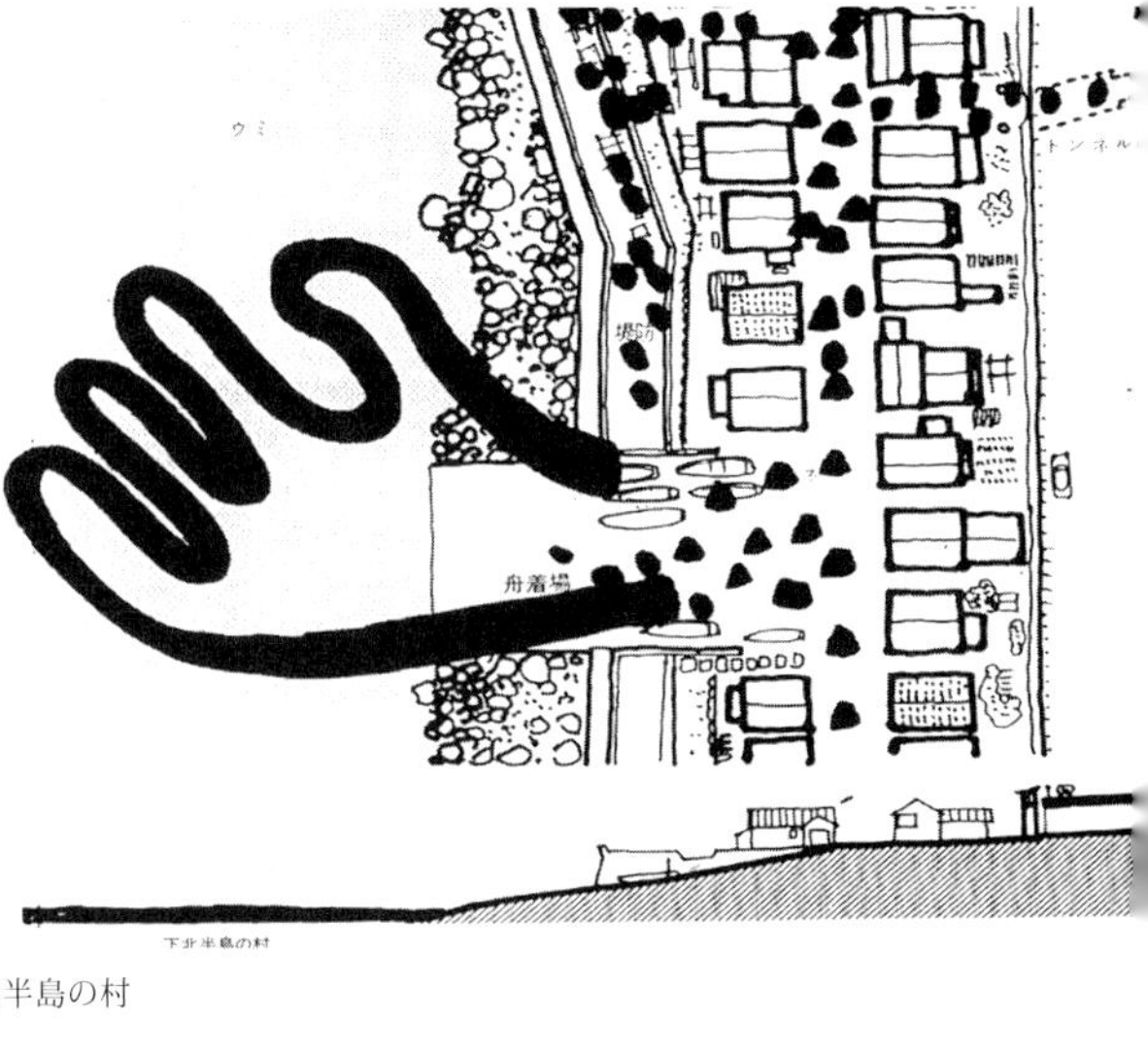

下北半島の村

故郷とは場所の記憶

記憶とは生まれてから今までの経験ではない。「生まれそなわっている」ものなのだ。

赤ん坊が生まれる、赤ん坊が立つ、私達の細胞の太古からの記憶。

故郷とははるかな生命、場所の記憶である。

現象（今ある風景、いとなみ、今ある命）がたとえ消滅しても、場所は生きつづけている。

記憶はとどまることもなく、とだえることもない。なくなることもない。

故郷とは永遠である。故郷とは想像する力である。

希望はこのような場所にのみ存在する。

自然をいくら恐れても恐れすぎることはない。だが壊したら簡単には花は咲かない。

自然による不幸をいいわけにしてはならない。

移動をおそれてはならない。環境の変化をおそれてはいけない。

守るべきは場所の持ついとなみの持続と想像力だ。


〈塩の村〉樋口裕康（ひぐち・ひろやす）二〇一三年

House of the Massachusett Indian
(Algonquian)

Charles C. Willoughby 指導の模型
Valma L. Russel 作
Peabody 博.

1〜2家族用 円型（木皮又は蓆でおおう）
数家族用 長方型（大は200ftに及ぶ）

木柵の内に1〜30戸入る.

Ⅱ

創造の端緒は発見にあり

天ノ神　巴茶訶摩ト
地ノ神　巴茶姥媽ト
ムスバレタ

03

旅

双児ガウマレタ
男ト女ダッタ
二人ハ宇為火ト名付ケラレタ

アルキテクト（歩きテク人）

吉阪先生と歩いた思い出がいくつかある。早稲田から高田馬場駅まで歩くことは、しばしばだった。歩きながら、スケール、街のみかた、エスキモーの話等、場に合った話から全く無関係とおもえる話をしながら歩く。気がつくとなぜか先生が半歩前にいる。胸をはり、長い足で、泰然と歩いている。

楽しい歩き方に、カニアルキがあった。これはどうやら先生の発明らしい。街の立面がよくみえるというのがメリットらしい。新宿で飲み、横一列になって、百人町の「ある住居」まで歩く。多い時には、吉阪先生を先頭に十五人ぐらいが並ぶ。街をみるどころではない。お祭り騒ぎである。

〈吉阪隆正集16付録〉樋口裕康（ひぐち・ひろやす）一九八五年

地図を描く

自分の周囲についての認識は、地図を描くことで確かめられる。その描かれ方で世界観が示されるし、その表現は芸術ともなり得る。そこに記録されることは思い出であり、蓄積された業績を示す。そして地図の枠は、人に視点と視野を変えさせ、寸法のとり方によっては価値観の相違に影響する。

〈生活とかたち〉一九八〇年

アイレベル

もっとも重要な高さ

地球のサイコロ

メルカトールの世界地図は、赤道で地球と接する円筒上に、中心から投影して描かれた地図を開いたものだ。日本では、日本が真ん中に来るように、太平洋を入れ、大西洋の所で裂いて開く。すると米大陸は右、欧亜大陸は左に来る。ハワイ島は日本と米国の中間にある。欧米では、これまた自分らが中央へ来るようにグリニッジ0度線を中央にし、太平洋を裂いて開く。従って米大陸が左、欧亜が中央に、アジアは右端となる。

〈生活とかたち〉一九八〇年

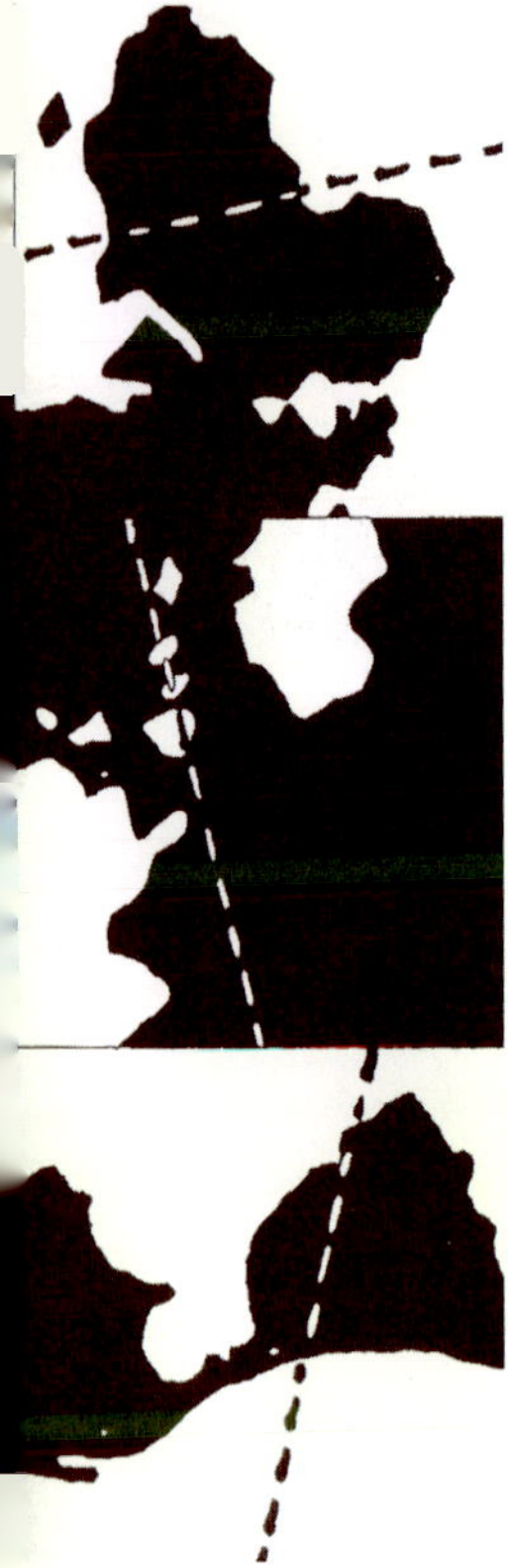

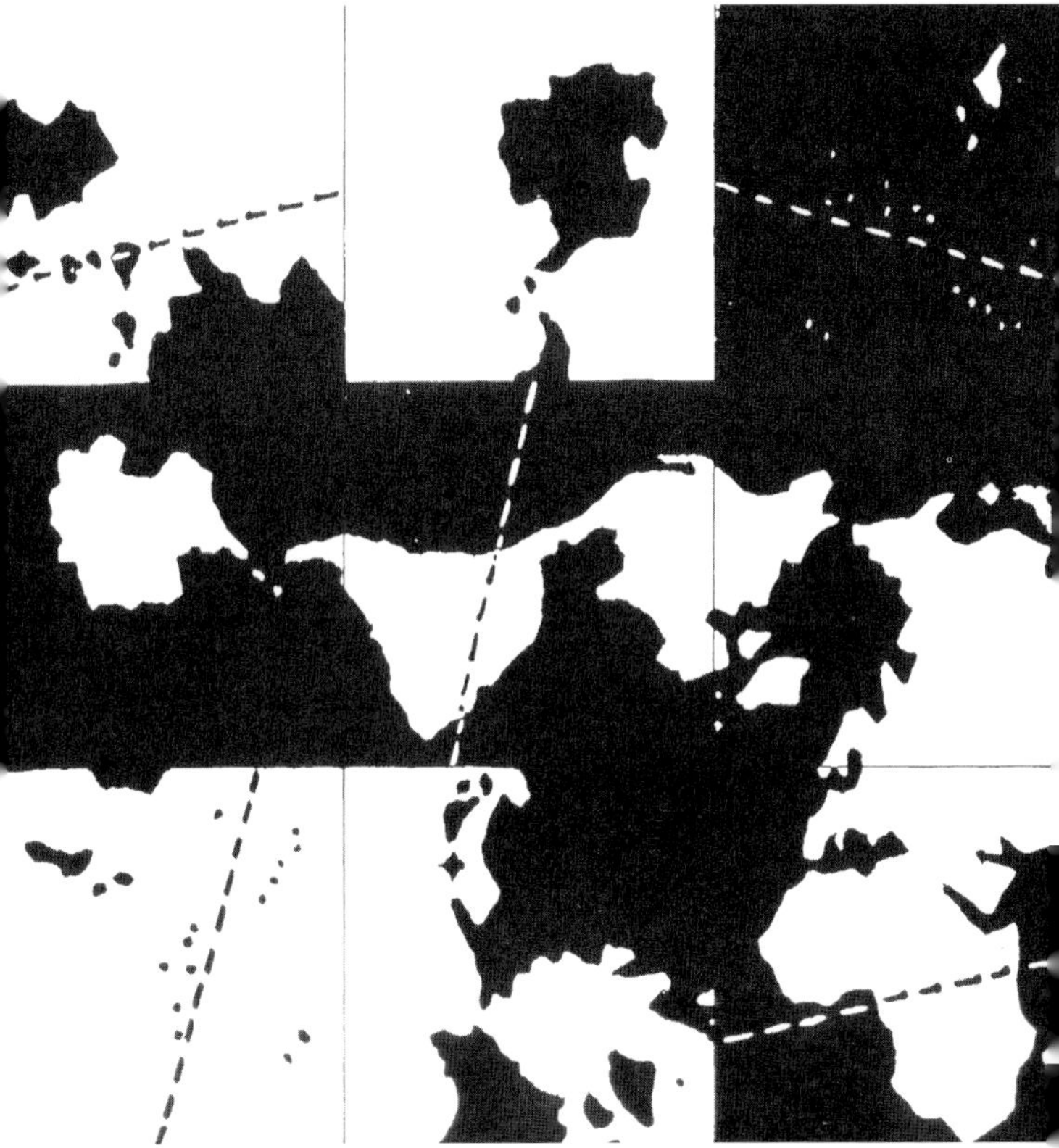

この図から陰陽ふたつの地球のサイコロができる

いつでも世界を平均に、
しかも立体的に見れるように、
且つ平面として広げてもよい。

〈生活とかたち〉一九八〇年

061　創造の端緒は発見にあり

魚眼マップ

中心性の回復、新しい沖縄の方向
名護市総合計画基本構想　1973年

四方の景色を薄肉彫りにして、見晴らし先の説明をした銅板を、展望台などへいくとよく見かける。これはもっとも人間の尺度に合わせた地図である。人間の目による直接の認識を、もっとも素直に表現しているからだ。それはまた、心の中に描かれ、記憶の中に残っている姿ともいえ、この魚眼レンズで写した地図とそっくり一致しているといえる。

これを都市計画に応用するならば、一般の人に対しても直感に訴えやすく、また彼らの関心のあり方とも一致して説得力がある。住民参加が問題となる今日、当局側にとっても、この認識は重要だと考える。

しかも、何枚もの地図を用いたり、大きすぎる地図をひろげることなく、十分に広域圏を含み、対象地区は十分に拡大されて示しうるのである。

〈日本建築学会大会学術梗概集〉一九七〇年

海浜公園
霞目
メルボルン

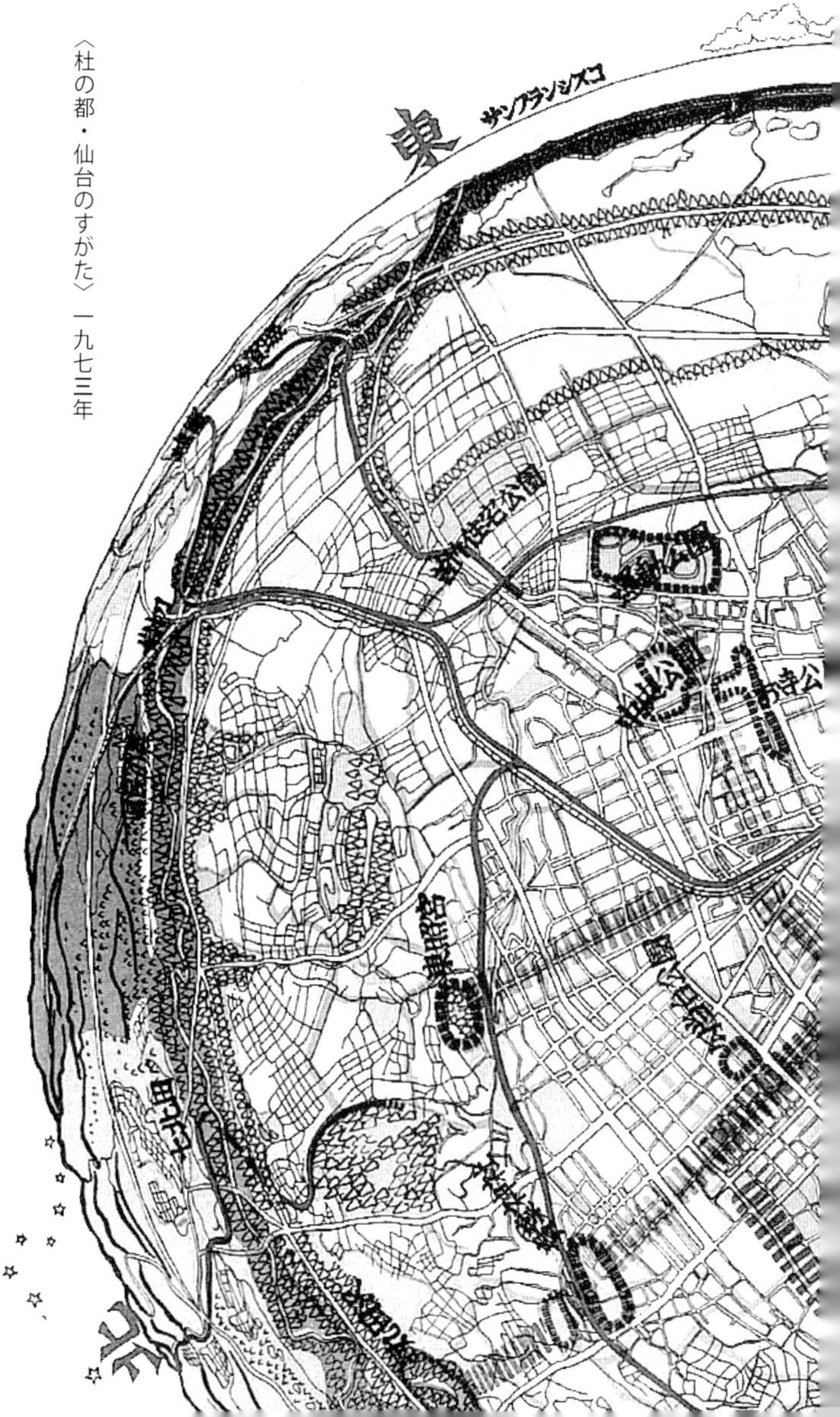

〈杜の都・仙台のすがた〉一九七三年

発見的方法

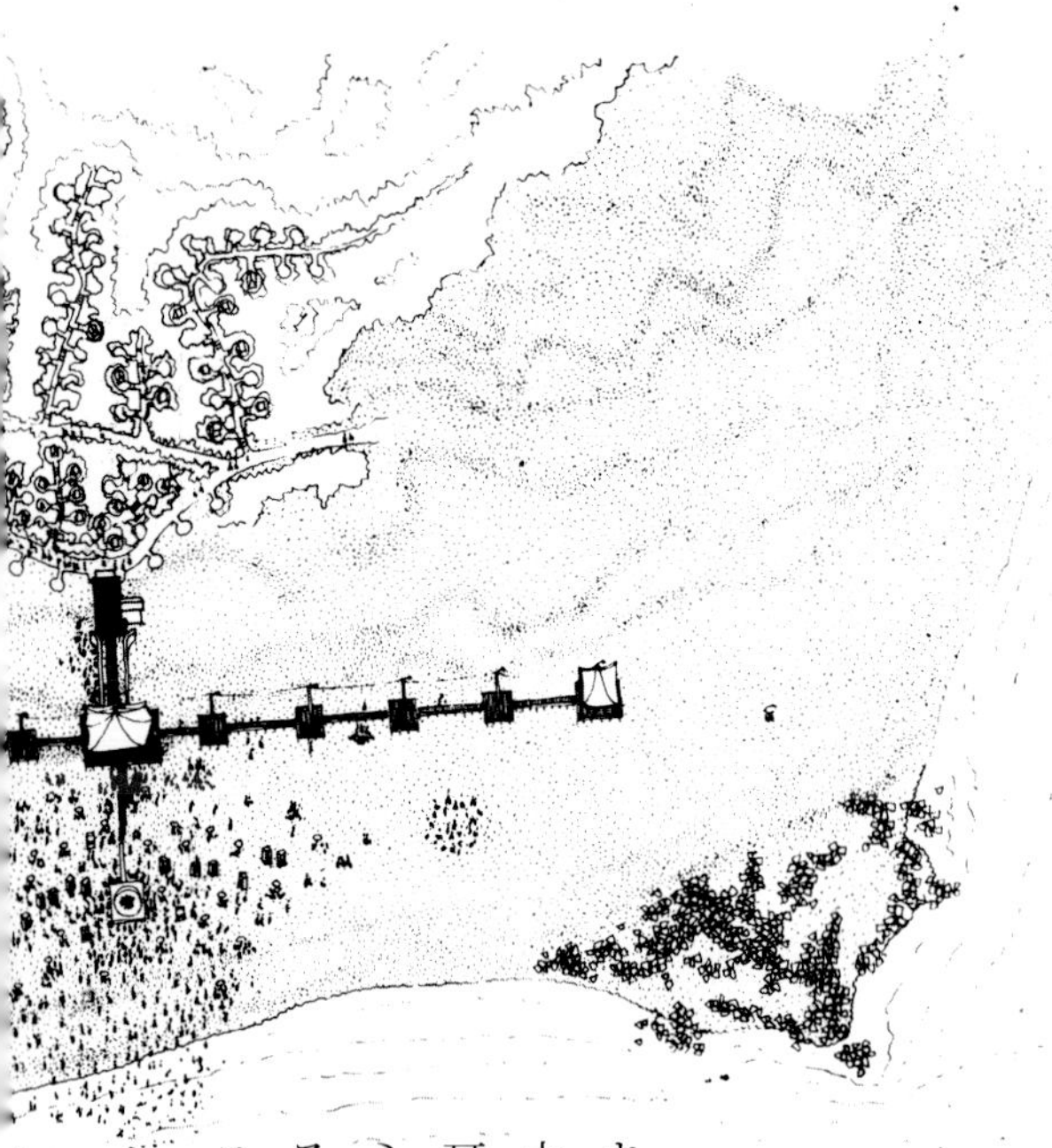

まず行って歩いてみることだ。
立ちつくして目をみはり、
耳をこらすことだ。
心を白紙にして事象を
そのままに受けとめてみる
ことから出発する。

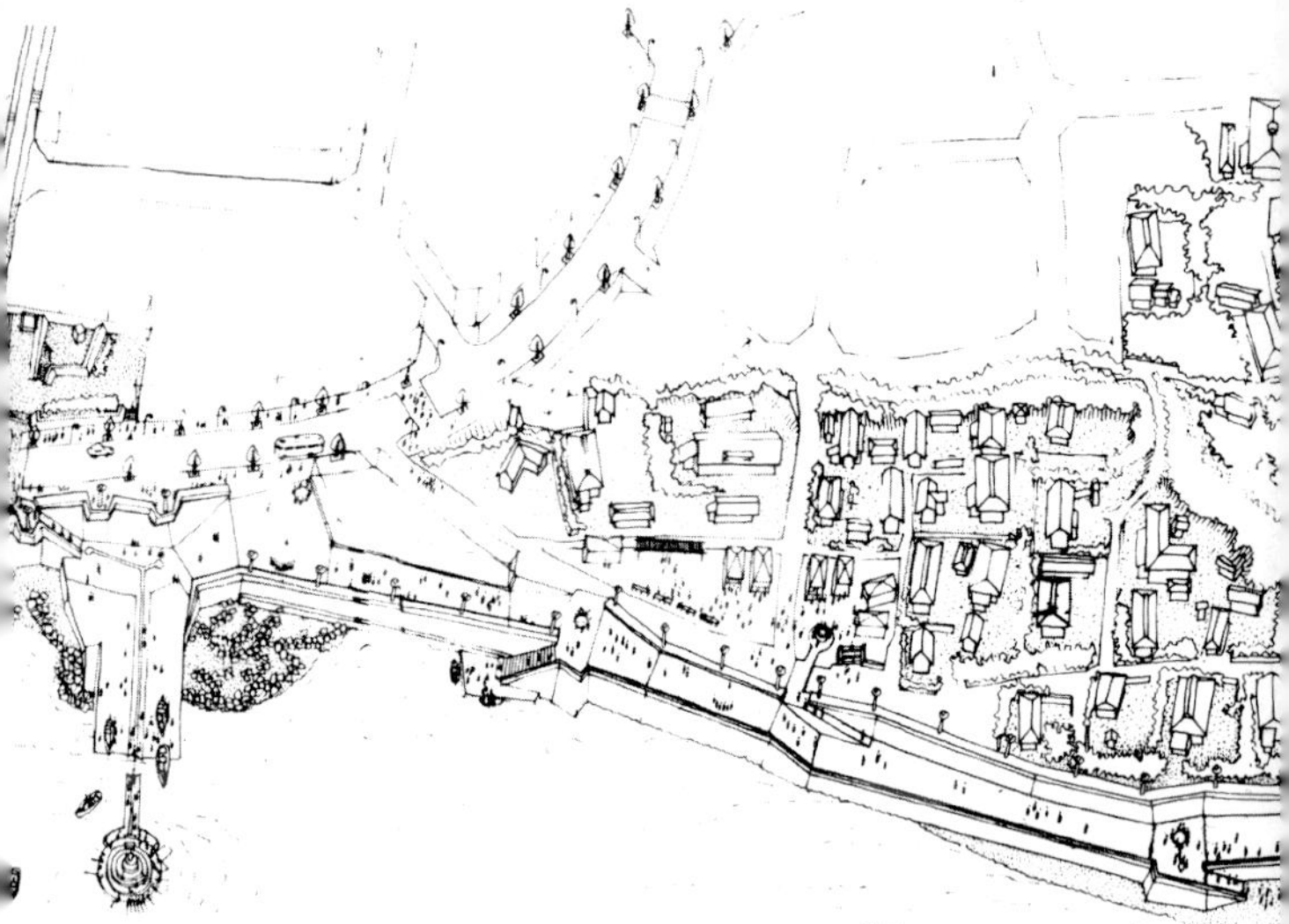

発見的方法とは
〈いまだ隠された世界〉を見い出し、
〈いまだ在らざる世界〉を探る
きわめて人間的な認識と
方法のひとつの体系である。

それは
〈私たちによって作り変えられるべき世界〉
ではなく、全く逆に
〈私たちひとりひとりが、
それによって支えられている世界〉
を見い出すことなのだ。

〈都市住宅〉地井昭夫（ちい・あきお）一九七五年

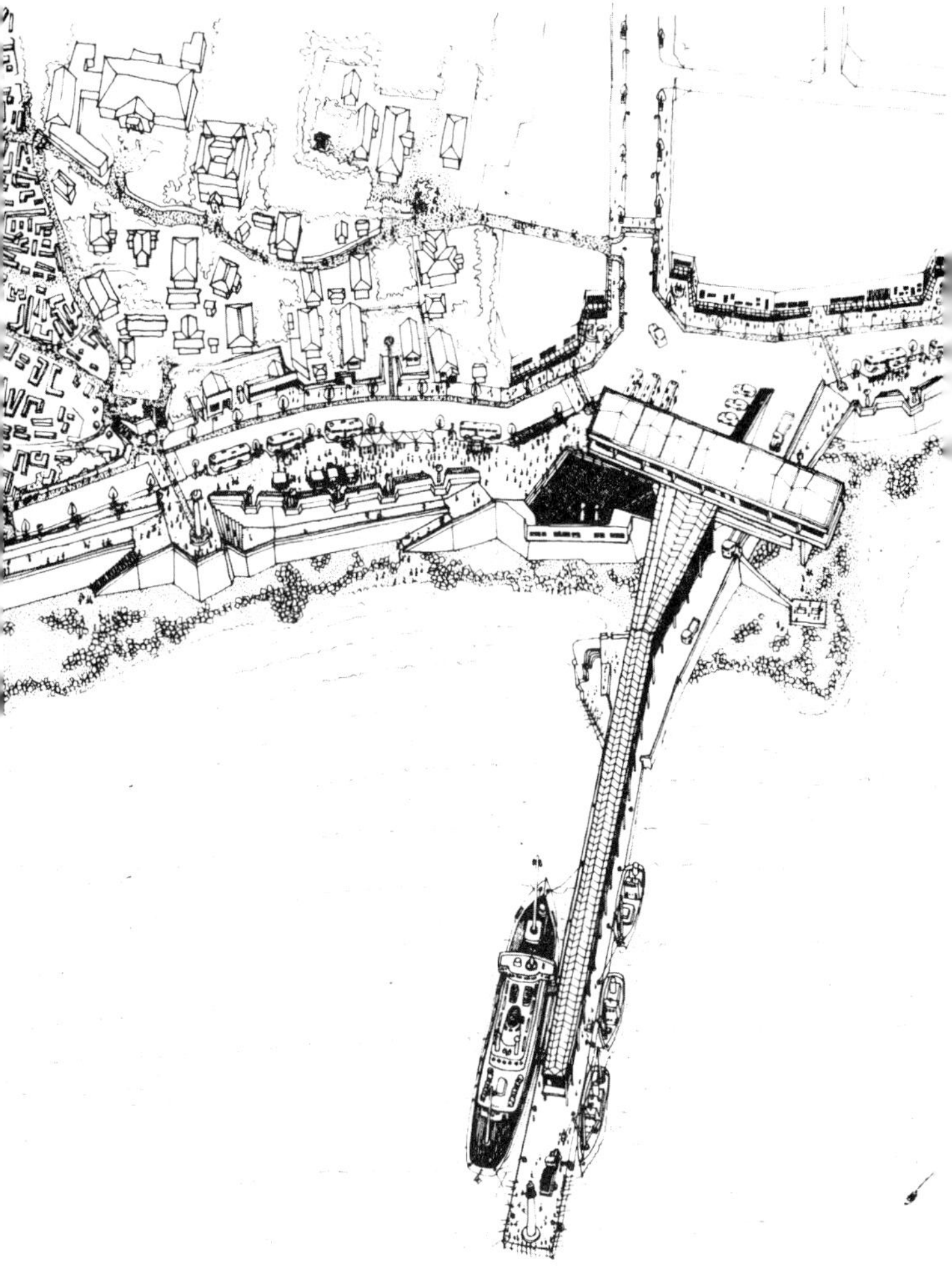

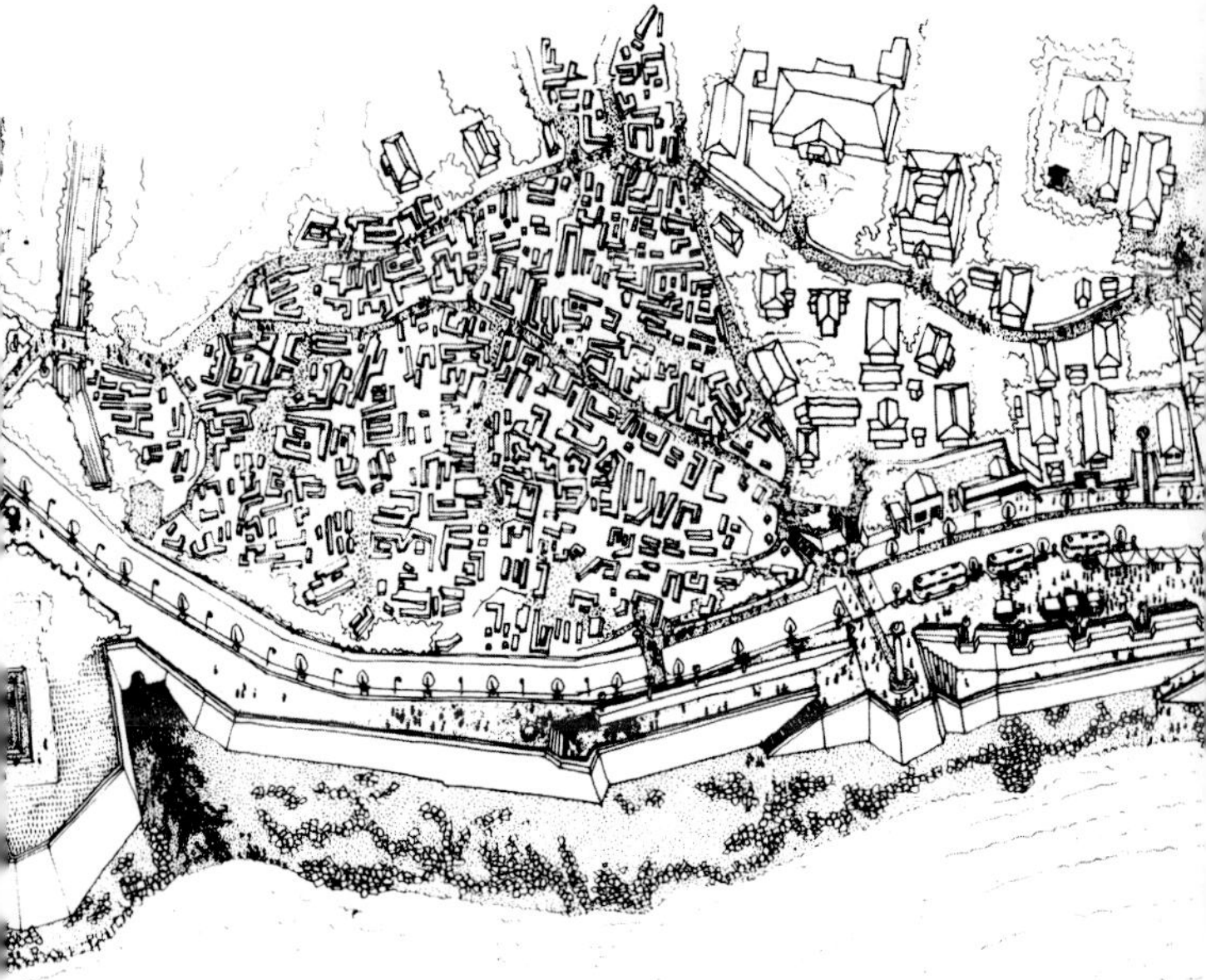

図で示されているもののほとんどは現状である。
今あるものを保存し、活用していくことを計画の
主旨としている。

大島復興計画

一九六五年一月十一日。午後十一時十分に発生した大島元町の大火は、翌朝六時四十五分まで燃え続け、元町中心部はほとんどが焼失した。翌日、吉阪隆正を中心に元町再建案を作成し、ただちに現地に飛び込み、地元住民組織および町、都関係者に提出した。こうして吉阪研究室およびU研究室の大島復興計画はスタートする。

大島元町絵図

つくらないことこそ創造である

そこには建築も都市もなかった。この創造の過程において、どのようなかたちで住民の自主的なエネルギーを誘発、あるいは投影してゆくかということが問題なのである。これを〈つくる〉創造とすれば〈つくらない〉こともわれわれにとっては創造だった。緑に覆われた元町の共同墓地、また海岸遊歩路はすでに〈モノ〉として存在しており、われわれが発見し、住民にそれをうけとめてもらえば創造として完了するのである。

〈都市住宅〉大竹康市（おおたけ・こういち）一九七五年

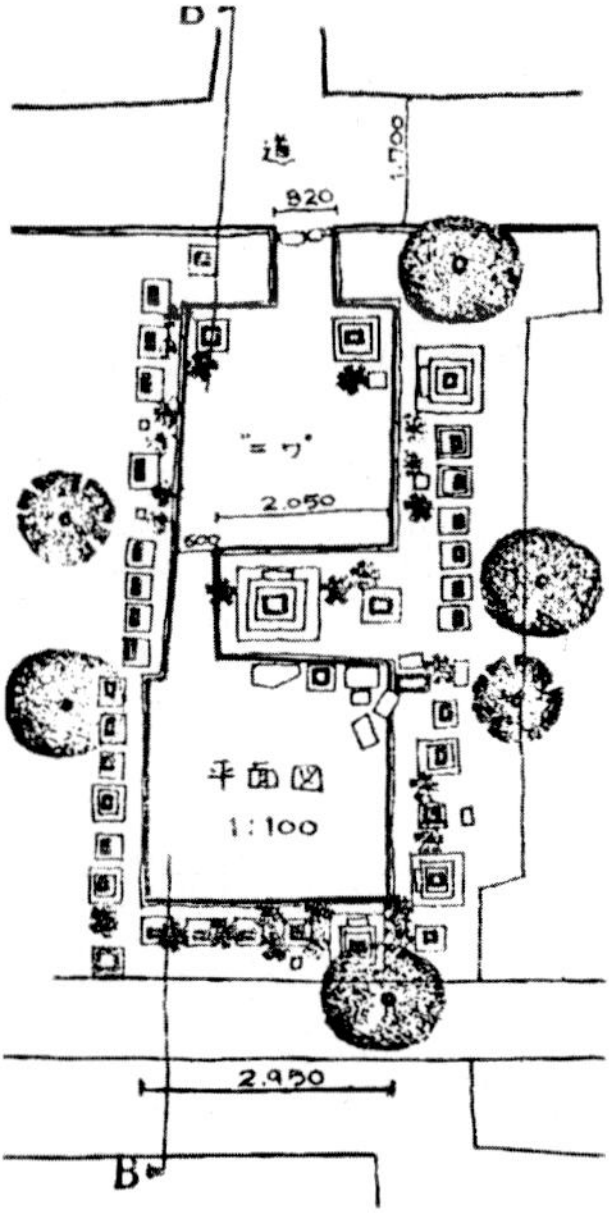

すばらしい空間をもっていた
元町共同墓地
常に箒の目が見られ、
線香の煙がただよっていた

吾等は野を、
野の花を、空を、星を、
蒼海を、大地を、火を、水を、
一切の大自然と生命を観るに、
その背後に、生命の円想を観、
その生命を敬し、愛し、
いささかも浪費
せざらん事を期す。

竹富町信仰会会則

竹富宇宙曼荼羅

方言地名の発掘

生活の営みの過程で、人々は無数のなにげない地形にさまざまな想いをもち、意味をこめて暮らしている。方言地名は、特定の集団が共有しているよそものには意味を理解できない地名と、その土地・地形・景観に着目することにより、生活者にとっての地域空間像を捉えようとする試みである。

〈都市住宅〉平井秀一（ひらい・しゅういち）一九七五年

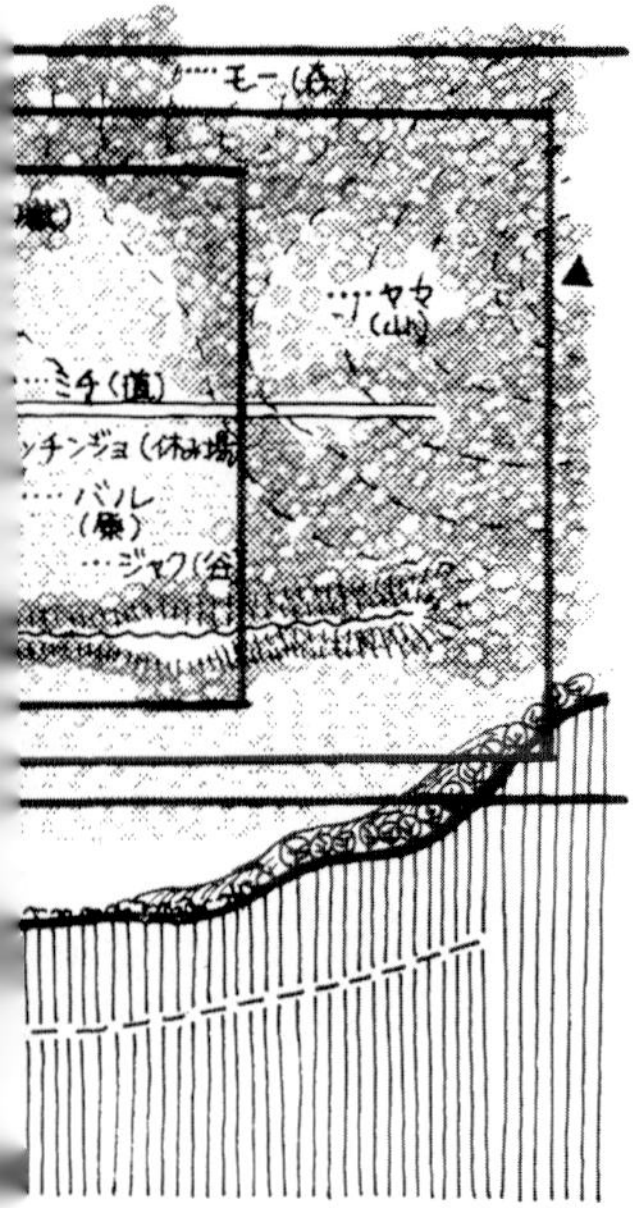

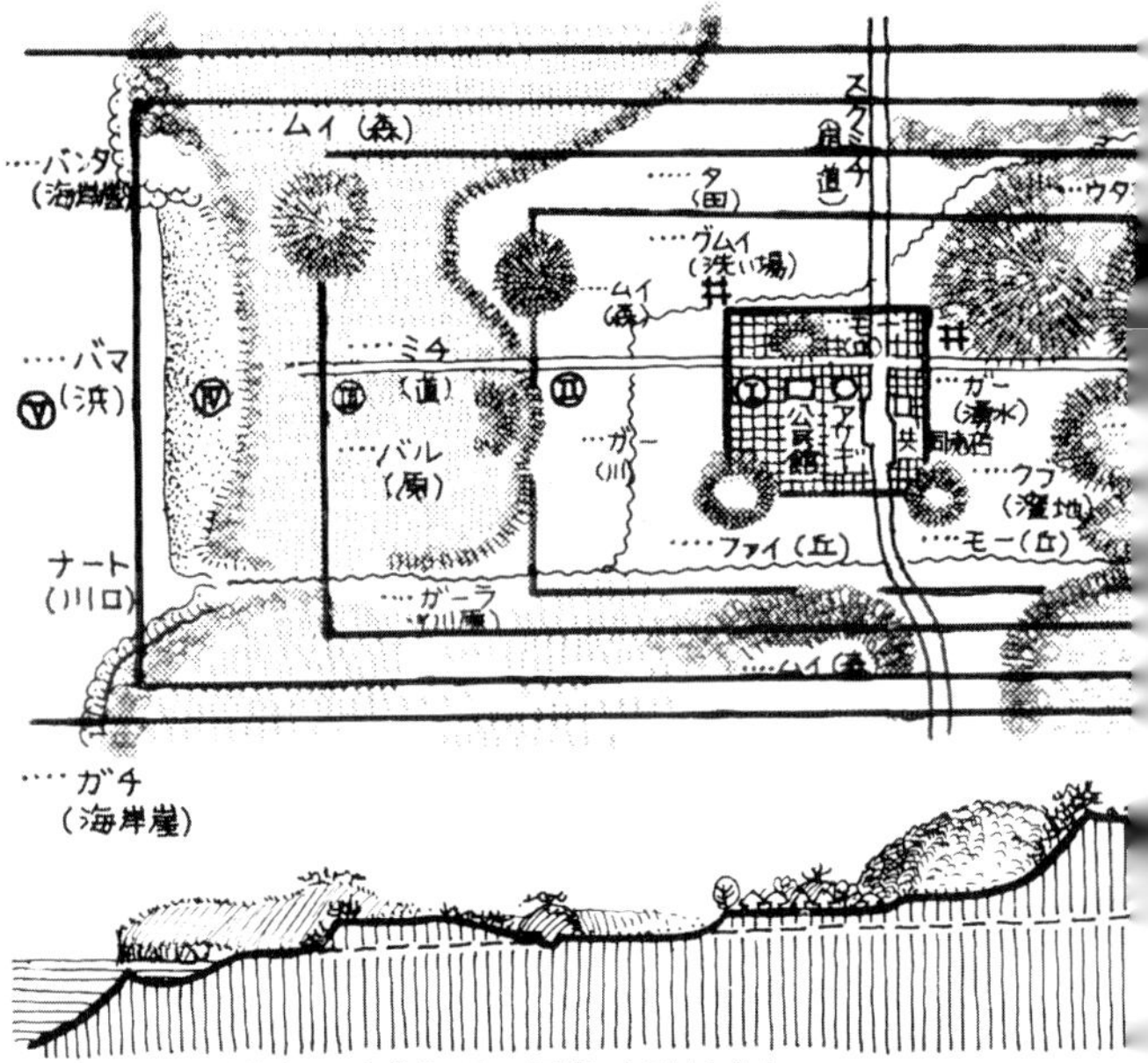

沖縄ヤンバルの集落空間の段階的同心円領域と方言地名分布

潜在資源の発掘

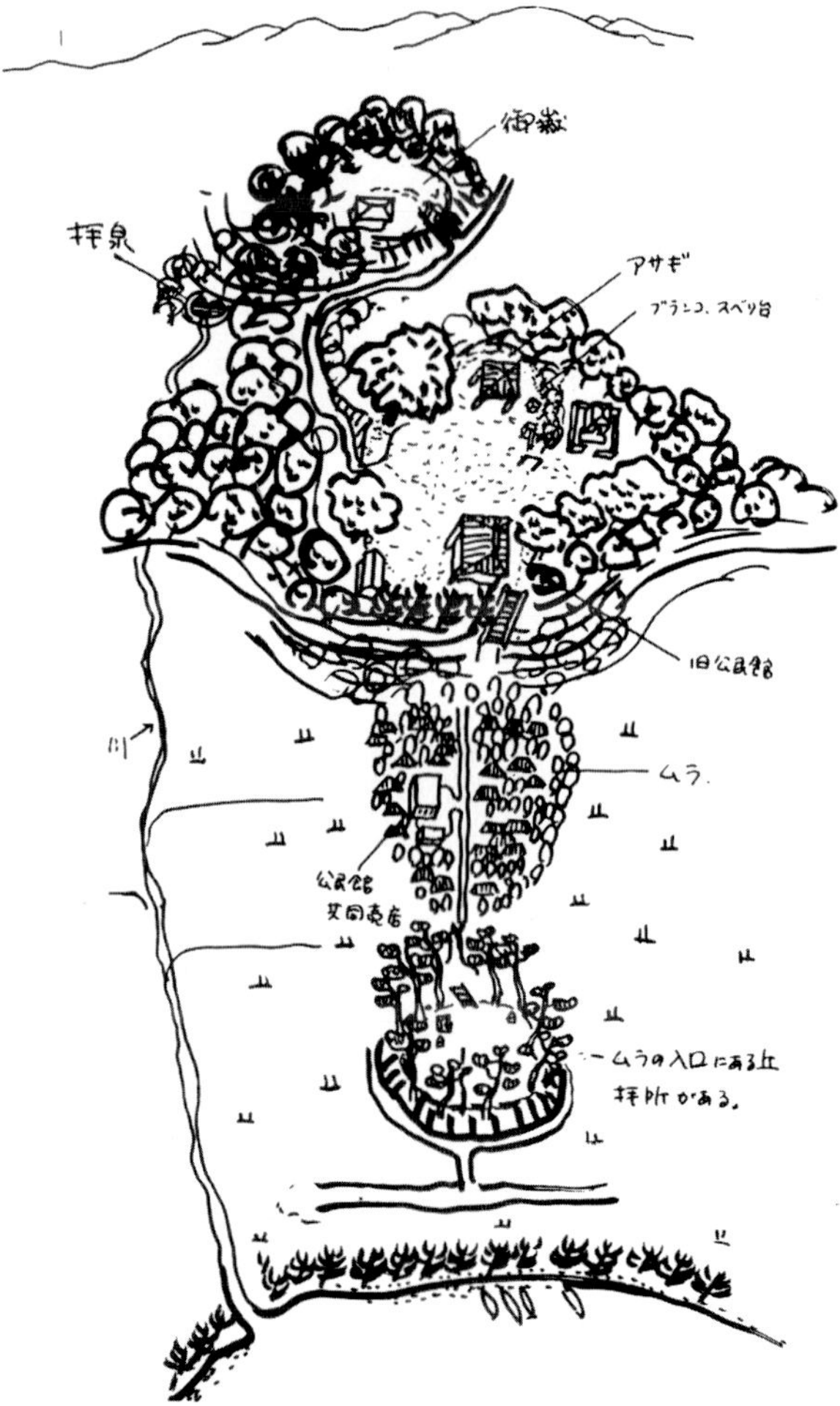

真喜屋集落の図

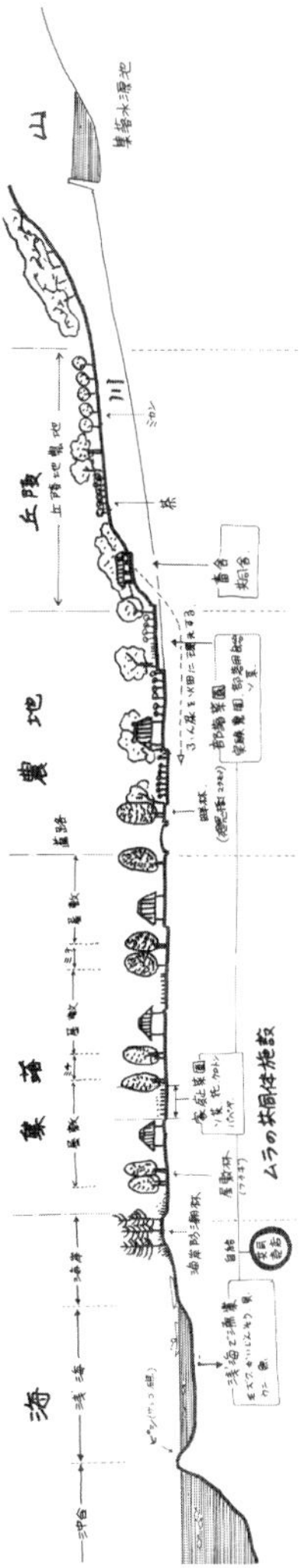

潜在的資源論による地域計画は、これまでの定形化された開発計画の批判と脱却の試みである。

村づくりの最大の原動力となるべきものは集落のコミュニティである。最も感銘深いものは、集落の完結性とその美しさであった。集落配置が山ひだの水系や浜の分布と一致する北部（山原）では、その明快さは顕著である。さらに、さまざまな入会い的・自給的なストックと、生活を通じての共同性が人々の生活を支えており、地域とは、人と環境との、人と人との綾目として組み立てられた実態である。

〈建築文化〉重村力（しげむら・つとむ）一九七七年

村の自立へ

Ⅰ. 美しい自然を護ること（海中・海岸・山）

1. 生活・産業・観光のあらゆる面からみて、美しい自然のみが、この村の唯一の財産である。
2. これは単に景観上からの問題だけではなく、生活環境上、生産緑地の生態からみて、基本的に重要なことである。
3. この意味で、生活施設、新しい農林漁業形態、観光施設をも含めて、自然との調和、生態的バランス、形態的バランスの維持・確保に特に留意する必要がある。

Ⅱ. 村の将来を村自身の手で握ること

1. 村独自の考え方を確立する。
2. 住民の自発性・創意性・盛り上りを大事にしよう。
3. 性急な表面的な近代化を焦らないで、村のペースを確立する地道な努力が必要である。

4．この意味で外部大資本の導入による村の改造は、村が結果として
　ふりまわされることになるので、きびしく注意する必要がある。

Ⅲ．生活環境、生産基盤の整備

1．基地経済、粗放農業から脱却し、科学的に検討された
　一次産業、地場産業を確立する。
2．また村が自らコントロールしうる規模の範囲内で、観光開発を行う。
3．こうした生産基盤に立って、不足している生活施設の充実と、
　生活環境の整備を行っていこう。

〈村の自立三原則〉　重村力（しげむら・つとむ）一九七四年

宇為火《ウイカ》タチノオハナシ

地球の反対側の国に一年間、人口卅万ばかりのツクマン市の西オルコ・モジェの山麓で過していた時に、この山の上の方に住むインディオたちの話を知りました。インディオたちはまるで私たちとよく似た顔をしています。彼らはスペインに征服されるまでパチャママの恵みを受けて平和に暮していました。今でもアンデスの高原では昔ながらに、砂漠のような荒野に、静かに生活しています。しかし西欧の波が押しよせています。新しいパチャママが必要です。カップルの闇の世界から抜け出して探しに行きたいと思っています。では………

大イニ雷ガナッタ
大イニ大イニ雨ガフッタ日
天ノ神　巴茶訶摩ト
地ノ神　巴茶姥嫣ト
ムスバレタ

宇為火タチノオハナシ
宇為火タチハ
母ノ巴茶姥嫣ト
真暗ナ核府ニノコサレタ
イツマデモ　夜ガアケナイノデ
三人ハ核府ヲ去ルコトニシタ
有魔ノ谿ヲ
ヌケテ　雅菅鎮ニ
ユクコトニシタ

双児ガウマレタ　男ト女ダッタ
二人ハ宇為火ト名付ケラレタ
ソノ后　巴茶訶摩ハ
瑠燐ノ海ノハルカ彼方ノ島ニ魅セラレテ
遠イトコロニカクレテシマッタ
宇為火タチハ母ノ巴茶姥媽ト真暗ナ核府ニノコサレタ
イツマデモ　夜ガアケナイノデ
三人ハ核府ヲ去ルコトニシタ
（中略）
山ノ上ノ方ニハ魔モノガマチブセテイタ
谷ノ奥デハ猫ガ飢エテ吠エテイタ
宇為火タチハコワクテ　ナイタ
フト見ルト遠イ彼方ニ　ホノカナ　光ガミエタ
流波胡茶ノ湖デ渇エヲイヤシタ
三人ハコノ光ヲ目当ニ一縷ノ望ヲ托シテ
マタ　歩キダシタ
涙梵毛山ノ窩根巴不和飲ノ岩屋ニハ
半裸ノ窩根ガ住ンデイタ
光ハソコカラ洩レテイタ
宇為火タチハ父ガ死ンダコトヲ知ラナカッタ
アノ灯ノ処ニイルノダロウト思ッタ
ヤットノコトデ　三人ハ窩根ノトコロニヤッテキタ
「サアサア　入ルガイイウマイ飯ヲツクッテヤロウ」ト窩根ハ言ッタ

窩根ハ早速ニ
ジャガイモヲ煮ルタメ石鍋ヲモッテキタ
ソシテ子供タチニ泉ヘイッテ
水ヲ汲ンデクルヨウニト器ヲワタシタ
ダガ器ハヒビダラケダッタ
汲ンデモ汲ンデモ水ハナカナカタマラナイ
ソノ間ニ窩根ハ巴茶姥媽ヲ口説タ
ドウニモナラナイトワカルト殺シテ食ベテシマッタ

（中略）

コウシテ兄ハ太陽ニ
妹ハ月ニナッタ
ケレドモ母ダケガソロッテイナカッタ
地球ノドコカニイルノダロウト
兄ト妹ハ彼ハ昼　彼女ハ夜ニ探スコトニシタ
シカシ巴茶姥媽ハ屏陀ノ山ノ
白イ雪ヲカムッタ中ニコモッテイタ
太陽ガデルト雪ヲトカシ
月ガ沈ムト雨ヲフラシ
台地ニ恵ミヲタレテ　木ガ育チ　小麦ヲ実ラセ
獣ハ大キクナッテ人ノ役ニタチ
宇為火タチヲタスケタカラト
☒麼ハ谷ト森ノ王ニ鶡鳥ハ空ノ王ニ
蜑流ハ毒ヲモテ敵ニソナエ豊饒ノシルシトシタ

ハイエナタチハ地上ニイタトキ宇為火タチヲ
育テタノデゴホウビヲイッパイモラッタ

巴茶訶魔ガ引退シテ宇為火ノ世ニ
ナッテカラハ　太陽ト月トガイツモイツモ
闇ヲ追ッテ光ヲ充タスヨウニナッタ

これはアルゼンチン西北部インカ帝国の辺疆に住んでいたディアギタスたちの神話である。挿絵も当時の遺蹟から出た品々に描かれたものである。ただし、名前を漢字にあてはめたように図の方も適当にあてはめてあるから、考古学的な正しさはない。読めない文字、わからない図が多いだろうが、神秘な話だからそのままわかって下さい。

一九六一年　山美迎流・月満にて

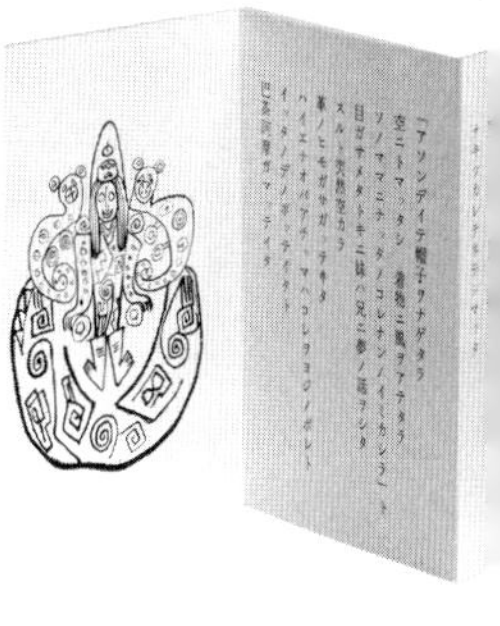

創造の端緒は発見にある。
発見は着目を変えることに始まる。

〈生活とかたち〉一九八〇年

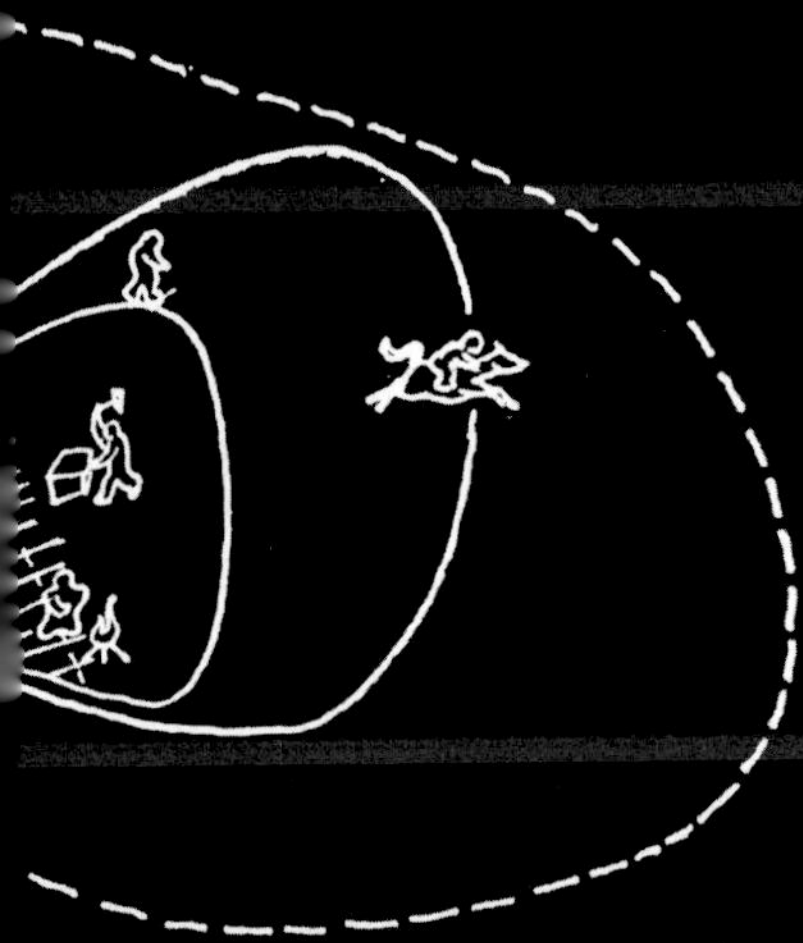

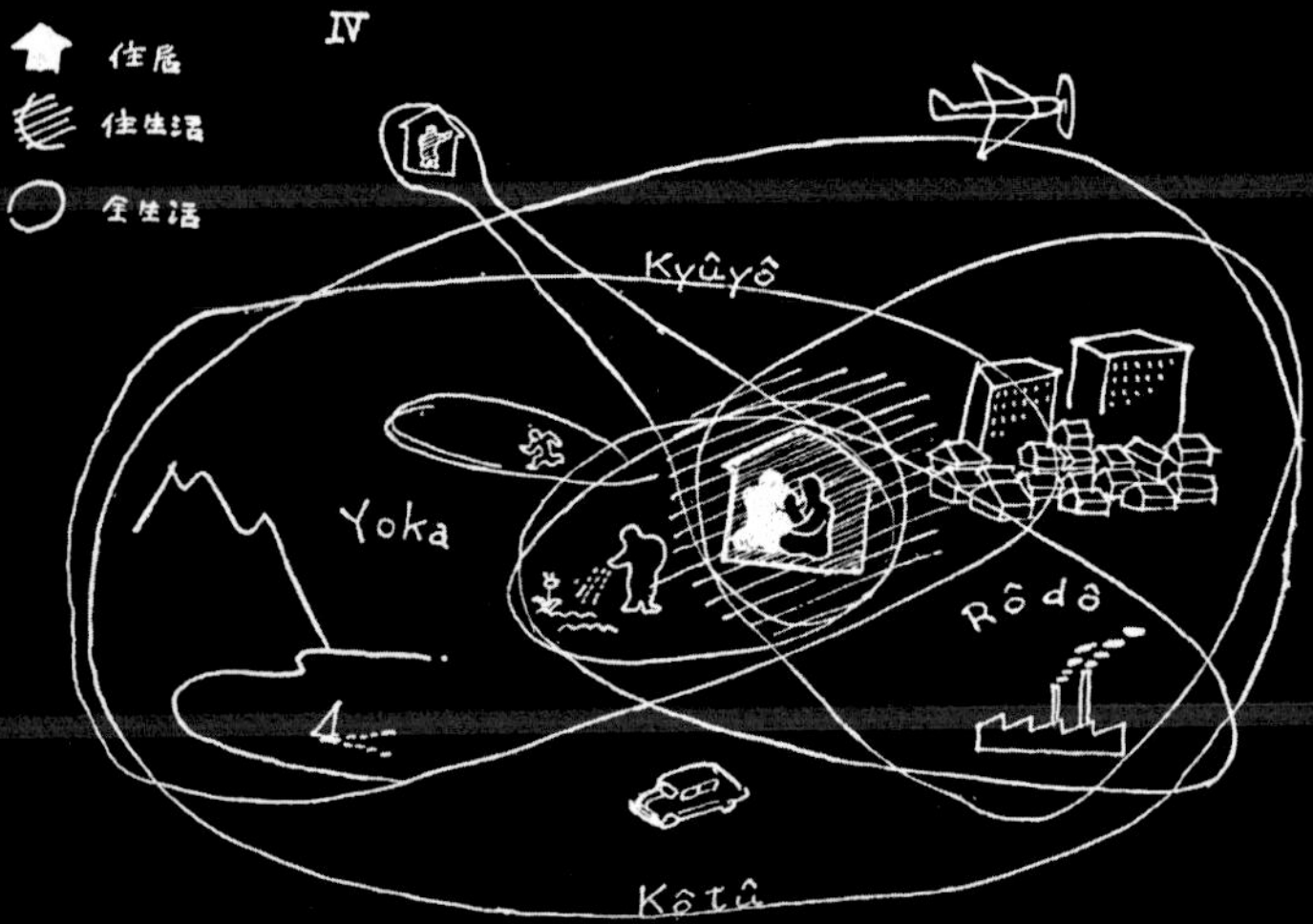
IV
住居
住生活
全生活
Kyûyô
Yoka
Rôdô
Kôtû

04 場所

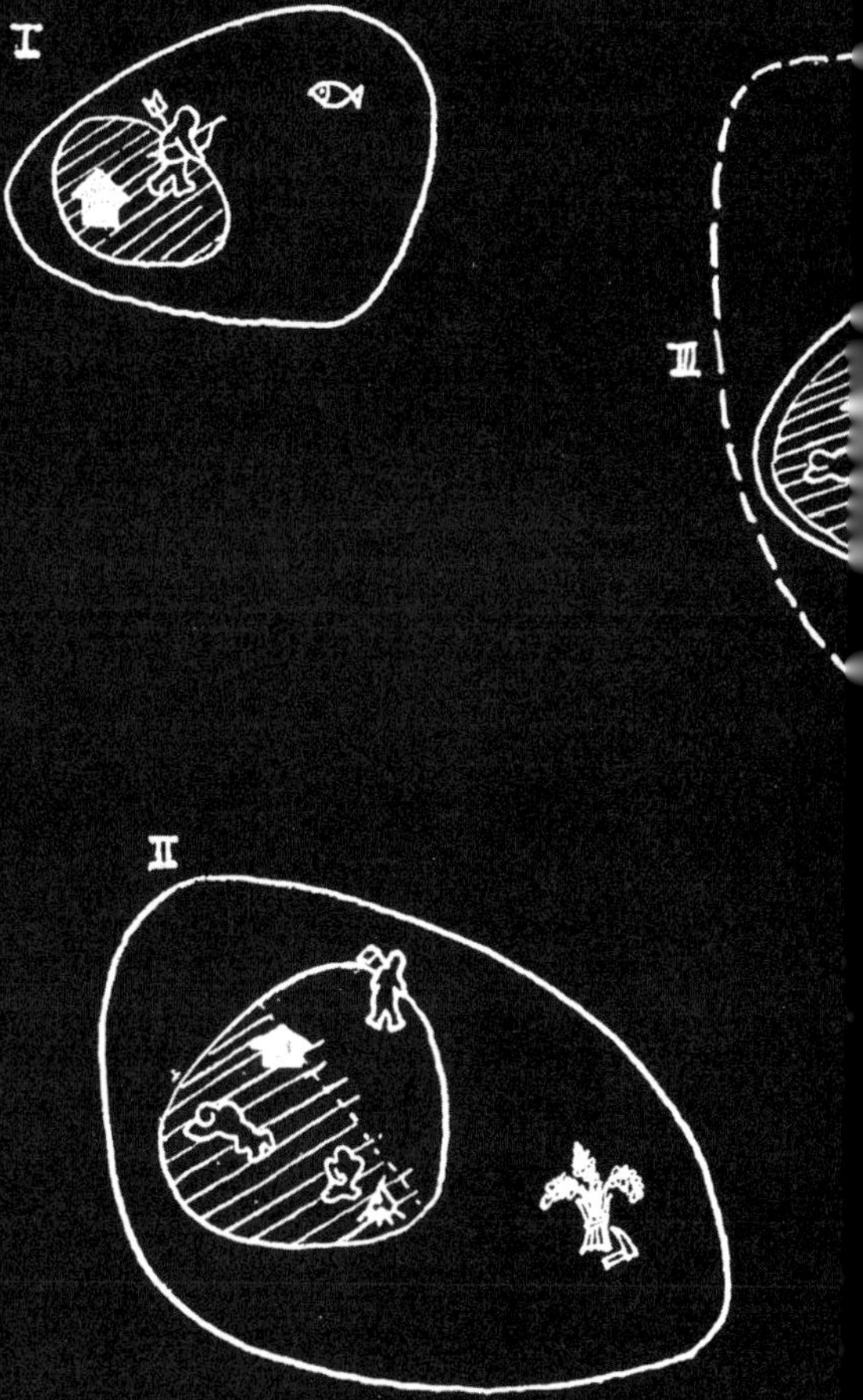

住居とは何だろう

何万年も前に生み出された住居は、今日から見れば甚だ幼稚なものに見られよう。しかし、如何にその形が原始的であり、幼稚であろうとも、その形を生み出した構想力においては、今日のいわゆる文明人のそれに比していかばかりも劣っていないどころか、却って今日なお一歩も進んでいないのを発見することが多いのである。

〈探検　第一巻第二号〉一九四二年

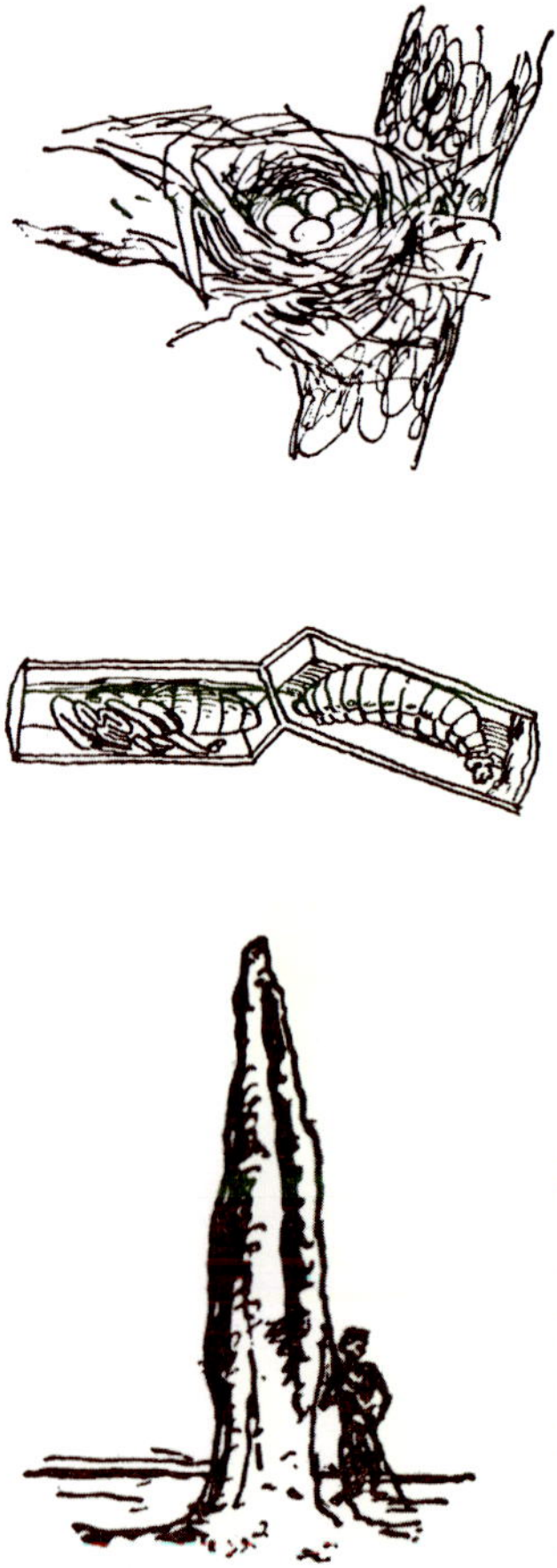

いろいろな動物の巣〈住居学汎論〉

ある人に関すること

奥深い家、
屋根を四方に覆う

建物に関すること

一方崖によりかかった家

住まっている
所について

屋根と壁と柱の
ある家

外国について

囲い、国、円

中国の象形文字〈住居学汎論〉 1950年

成長するものは
自らの皮をさえ
自ら打ち破ってそだつ

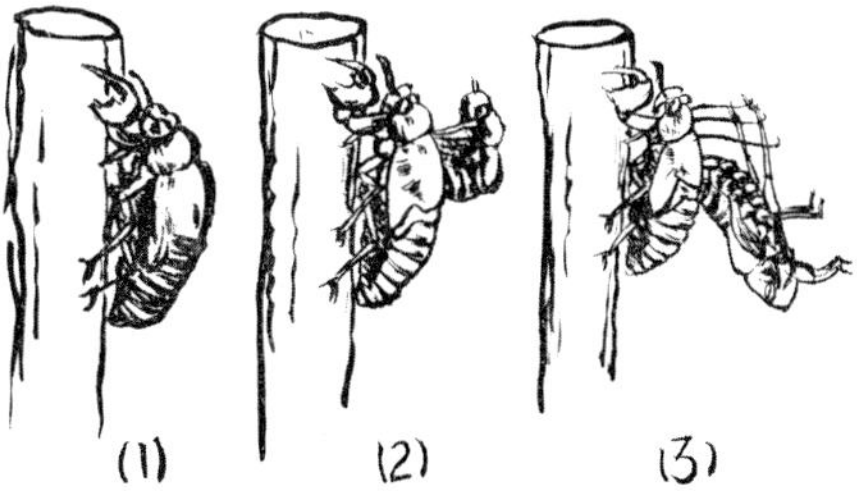

バラック

焼跡に立って、私はここに家具に屋根だけをつけたバラックを建てた。これが一万円ギリギリの住宅（？）であった。

家族3人で四坪半。その後、家具はつけ足され、屋根はのばされて、それでも七坪位までひろがったろうか。不足な所には、屋根なしのテラスも。地上数十センチ僅かにつくられた床、二、三千円でつくれる床は周囲の同様なバラックの人たちを感激させ、至る所に屋根も壁もないテラスの部屋（？）がつくられた。冬の暖かい日には、ここで団欒もいとなまれ、夏の夕にはビールを傾けるパーティーももたれたのである。

書斎は、書棚に屋根をかけた一坪強のものだった。ここにどうやって七人も八人も入って議論に花を咲かせたか、今となっては不思議にさえ感じられる。

〈ある住居・ひとつの試み〉一九六〇年

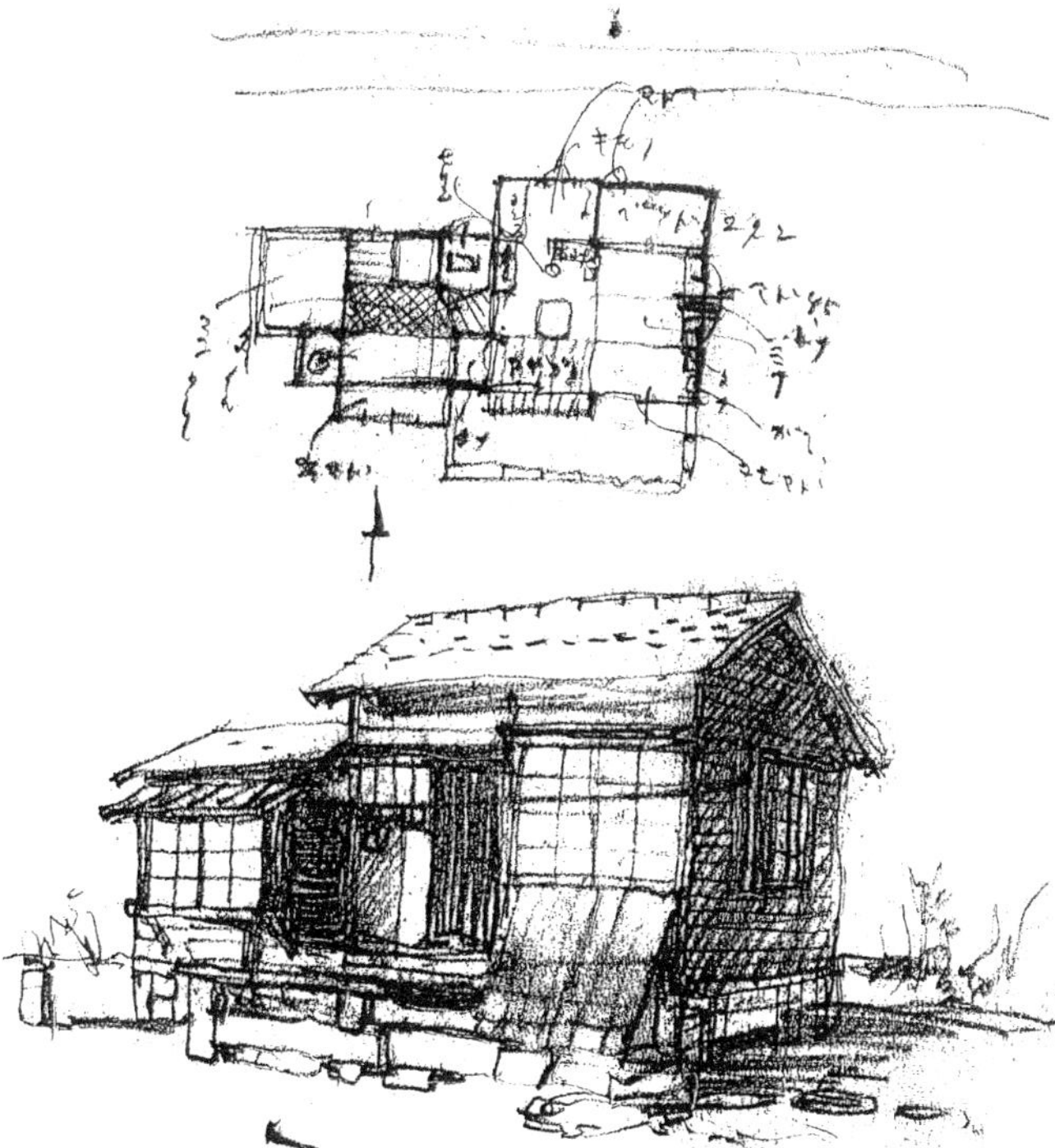

「今先生を百人町のバラックへ御案内、先生、写生される。第一声（乱雑になった室を見て）どこでも同じだな。次の質問、君の得意とする所はどこだね。第二声、小さいと皆苦心して工夫するね（台所と風呂などを見て）」吉阪の日記より。

新宿区百人町３丁目317番地（吉阪邸）、1948年２月12日　今和次郎スケッチ

資料提供　工学院大学図書館「今和次郎コレクション」

私達は生き続けようとしている

私達は生き続けようとしている。

この生存のための行為そのものこそ生活なのである。

その生活の場として住居があり、その住居の具体的な形、容器として、又道具として住宅がある。この住宅を中心に行われるのが住生活である。そして住生活が私達の生活全般の基幹となっている。住居が生活の基地といわれるのはその意味である。しかしこの重要な基地といえども私達の努力でつくり上げなければならないのである。そして何のために、如何につくるかということが今私達に課せられた問題なのである。

〈住居学汎論〉一九五〇年

我が身の延長

戦災に限らず、地震、火事、津波などの災害も亦、我々を、その度に極度の困窮に追い込むこと、腕一本なくしたといっても過言ではあるまい。人間生命を維持せんとする本能から出発して、その行きついた所は無生物をも加工し、組織立て、工作物をつくり、これを我が身の延長とした所にあるのではないだろうか。
私達の生活はこうして、大量の品物と結びついて、はじめて個人としての生活も保たれているといわなければならない。ディオゲネスが腕一つも無駄だとして捨てても、なお樽を必要とした様に。まして凡人に至っては、引っ越しの時に、何故にガラクタと称するものまでも運ばなければならないのだろうかが、理解できる様に思えてくる。仮に経済的になり立ったとしても、果たして人々はそれらの品々を売り払って、または捨てて新しい物を買うことをするのだろうか。

〈住居学汎論〉一九五〇年

横穴住居（吉見の百穴）

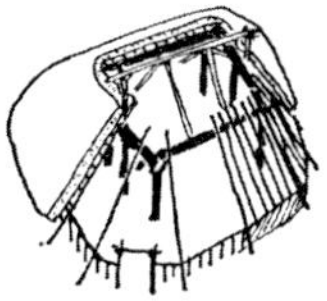
竪穴（復原想像図）

平地住居（埴輪）

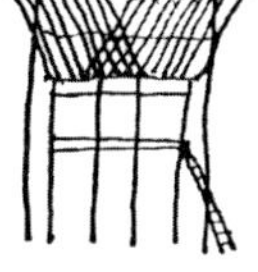
高床住居（銅鐸浮彫）

〈住居学汎論＞　1950 年

ウォー

まだ大学の学生だったころに、蒙彊（中国・内モンゴル自治区）の方へ旅をしたことがある。そこの草原のゆるやかな起伏を前にして、私は思わずウォーと叫んで走り出した。同行者は私が野生に戻ったのかと心配したそうだが、私はその時、孫悟空の話はこの風景の中から生まれたと直感したのだった。空飛ぶアラビアの絨緞の発想だってこの風景なしには思いつくまいとも考えた。

その草原の入口の町の包頭の郊外、まさに町と草原とが接しているあたりに一軒の小さな泥作りの家があった。それは燕がつくる巣のような印象で、ただ人間が出入りできるくらいの大きさになっているだけだった。入口とおぼしき所に真直ぐでない細い木の幹を立て、それに屋根も、手摺り状に一部を削った泥の壁がからみついて一体となっていた。中へ入って見なかったが、おそらく「の」の字の平面をそのまま間取りとしたものであろう。天井は屋根と一

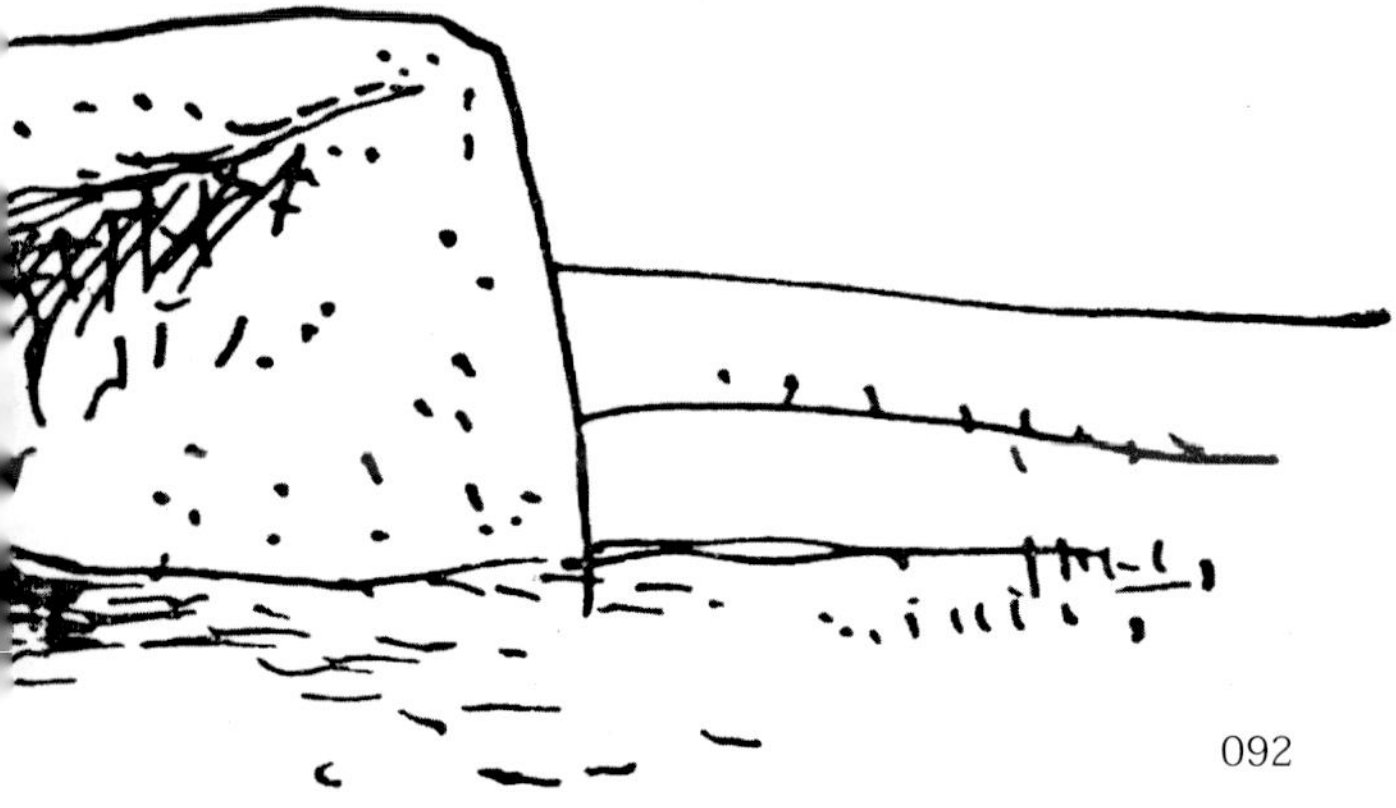

体で、奥へ行くほどやや高くなっているようだ。普通ならみすぼらしい小舎として、見捨てられそうなこの民家は私を釘づけにするほど強い印象を残した。巧まずにして、あそこまでまとめられた姿をつくりたいものだという気持ちが生じた。あるいは、幼児の絵に感激する類であったかも知れない。意識をのりこえて、あの姿をつくり上げるのにはどうしたら至れるだろうかというのが、その後いつまでも私の心をとらえた。そして未だにその心境には達せられないでいる。

〈コンクリートの家〉一九七一年

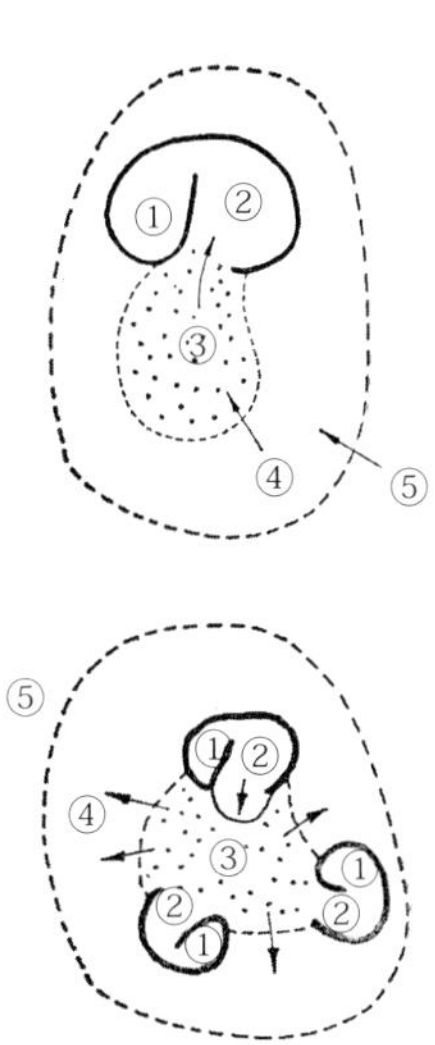

もっとも単純な領域構成と共有される領域

①知己
②友人
③知人
④同胞
⑤他人

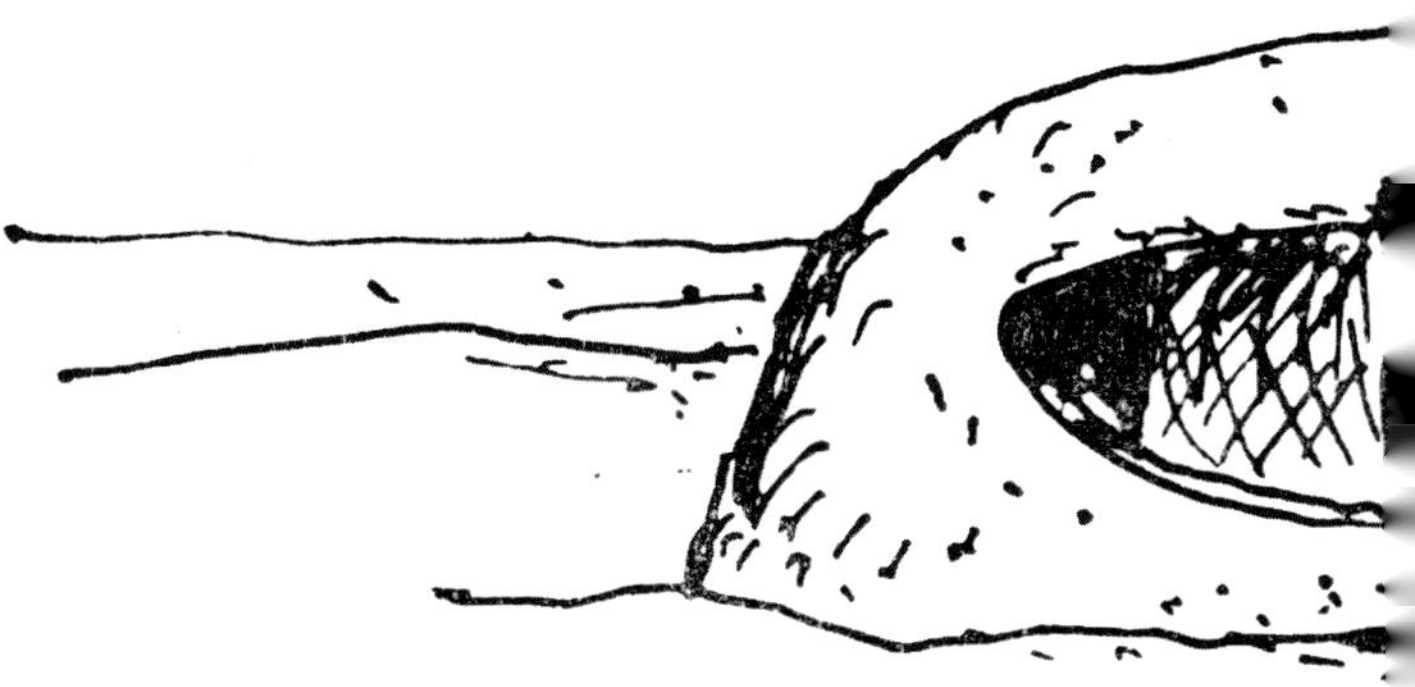

アフリカの密林の中に住む小人たちは、木々の一つ一つをそこに住む小さな虫の成長の一齣一齣に私たちの及びもつかぬ知識を持っているし、森の中にさえずる声に西洋音楽の楽譜などでは表現し切れないほどの抑揚を見出し、これを歌にして楽しむ。彼らにとってはその何キロ四方にしかならない生活圏は無限に等しい広さを持っている。

〈アフリカ横断一万キロ〉一九五八年

美しいということは、
わかりやすいということです。
そして豊かさを含んだものなのです。
そうでないと美しいとはいえない。

生活

私達人間は、天体の一つである地球の表面のある一部に生息している動物である。これは現在私達の持っている知識で一応確からしい。私達の生活は先ずこの天文学的な環境の支配を受けている。それは地球の自転と地球と太陽及び月、更に各星との関係から生じるものである。その中で最も強く私達の生活に作用するものは、それらの中にある周期であって、彗星があらわれて、私達の世界を乱さない限り自転から生じる二四時間、月の満ち欠け、地球の公転から生じる年とである。生理的にも男は年を、女は月を周期として生きていることなどに強く肯かれる節があると思う。かくて誕生から死に至る人々の一生は先ずこれらの周期によって区切られている。その中で男女老若共に最も強く制約をうけるのは、一日二四時間である、その中にある昼と夜である。好むと好まざるとに拘らず、この二四時間の枠を破って生活することは誠に困難である。

さて生活、即ち生存していることによって、人間は二四時間の内に如何なる行為をしているであろうか。この行為の分類から始めなければなるまい。

〈住居学汎論〉一九五〇年

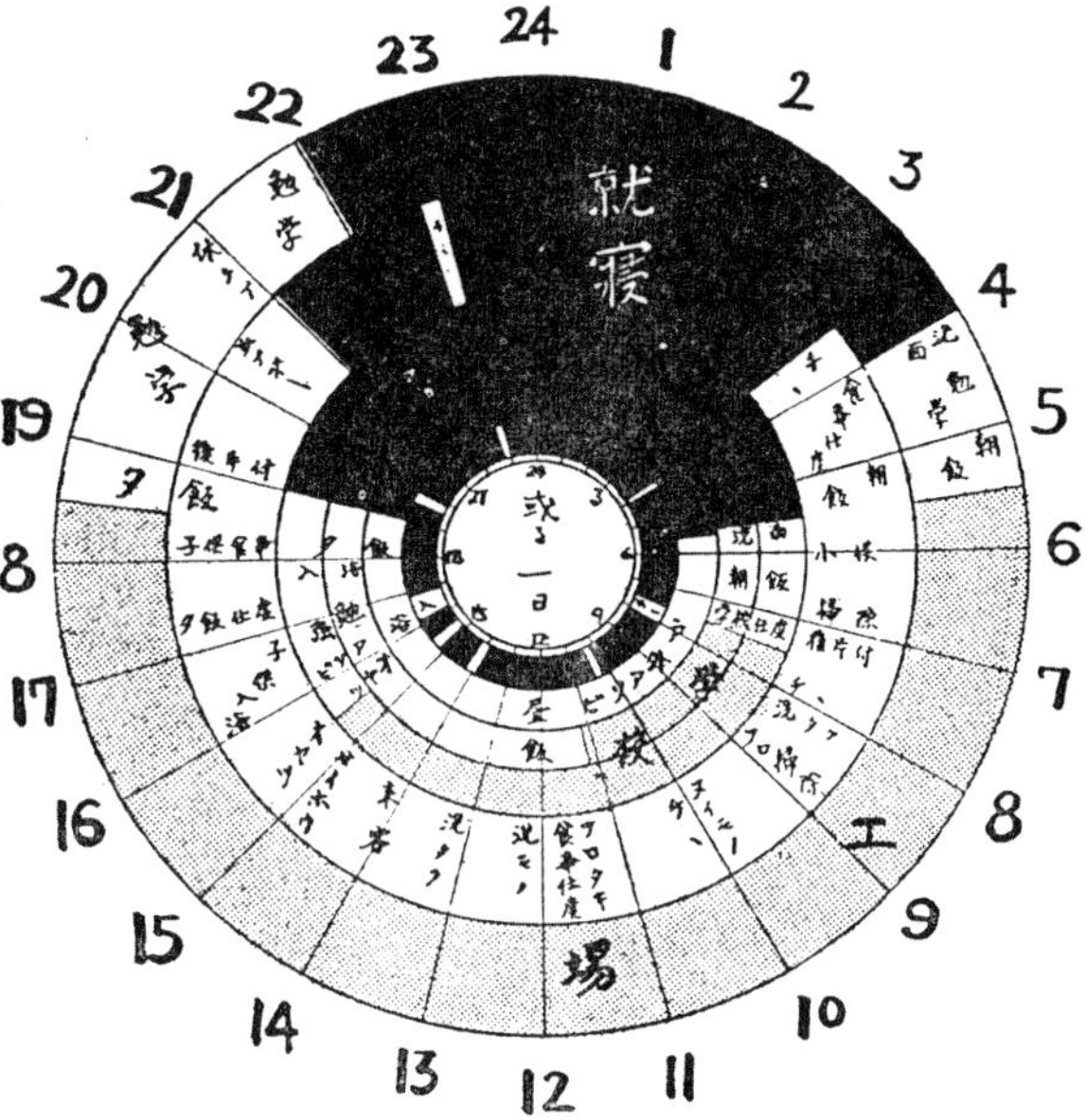

1943 年のある工場労働者の家族の一日（今和次郎調べ）

商店バラック

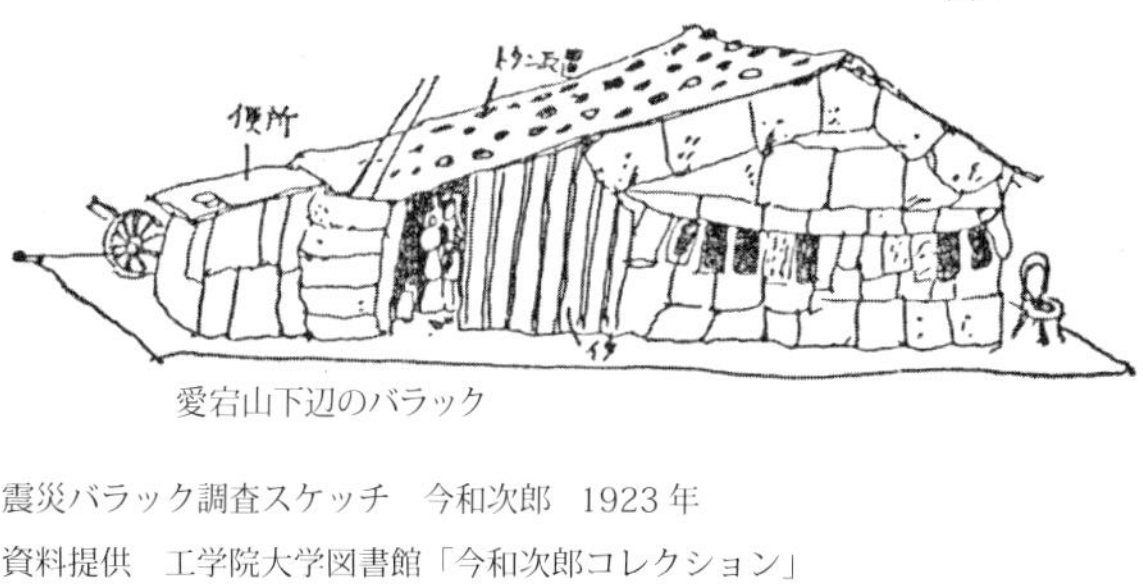

愛宕山下辺のバラック

震災バラック調査スケッチ　今和次郎　1923 年

資料提供　工学院大学図書館「今和次郎コレクション」

見通しの効く世界

人間は常に怠けようとしている。いろいろな設備も皆そのためである。しかし考えてみると決して前より簡単になってはいない。例えば、昔ならば薪を割っておさんどんが火吹矢でフーフーと吹いて飯を炊いたであろう。今はスイッチ一つをひねれば電熱で飯が炊け、自動的に消えるようにさえなっている。直接飯を炊く人の手は省けた。しかしそれには送電線を見守る保手が要るだろうし、発電所、変電所に働く人もある。又ダムやタービンを建設し制作した人々の労働がそこに蓄積されている。大変なものではないか。

おまけに機械は世界を頗る小さいものにしてしまった。昔は幾月も或いは幾年もかかって行った所へ、今では無電によって瞬時に連絡がとれる。それだけに遠方の一寸した動き、政治的でも、経済的でも、又文化的でも動きがあれば、それは直ちに全世界にひびくのである。誠に忙しい生活、しかし豊かな生活である。

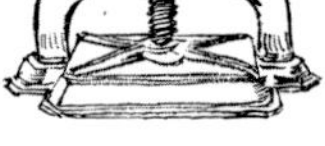

私達の小さな肉体、一生という小さな枠の中では、これらのことはあまりにも複雑であって、しかも私達の力でどうにもならないようにみえてくる。私達は、やはり私達の肉体に合ったような範囲内で、見通しの効く世界で行為したい。考えるにしても、つくるにしてもその全体系を自分の中に把握できるような世界がほしいのだ。

このようにして近代人は結局二つの世界に住んでいる。人類という大きな集団の中での生活と、個人という小さな宇宙の中とで。住生活は先ずこの個人の小さな世界のためにある。そして一番大きな宇宙に至るまでの間の幾段階かを大概含んでいる。その最小単位が夫婦ないし家族である。

〈住居学汎論〉一九五〇年

電子顕微鏡の極小世界から、星雲の巨大な宇宙の間に、人間は中間的な存在として、大小の拠点を散りばめる。

〈生活とかたち〉一九八〇年

私の家族とそのつながり
（黒く塗った人だけが一緒に住んでいた）

葉っぱは傘になり

雨が降って来た
バナナの葉を一枚もいで頭にかざした
雨のかからない空間ができた
バナナの葉は水にぬれて緑にさえている
パラパラと雨のあたる音がひびく
この光とこの音の下に居る者は雨には当たらない
この葉をさして歩くと葉先がゆれる
ゆれるたびにトトトと葉の上の水が落ちる
相当な雨らしい

新しい空間とは、こんな風にしてできるのだ。おそらくこれ以外の方法で、新しい空間は生まれない。葉っぱは傘になり、傘は屋根になり、屋根は住居になって、それからまた、諸々の公共の場所にもなっていった。

〈近代建築〉一九六三年

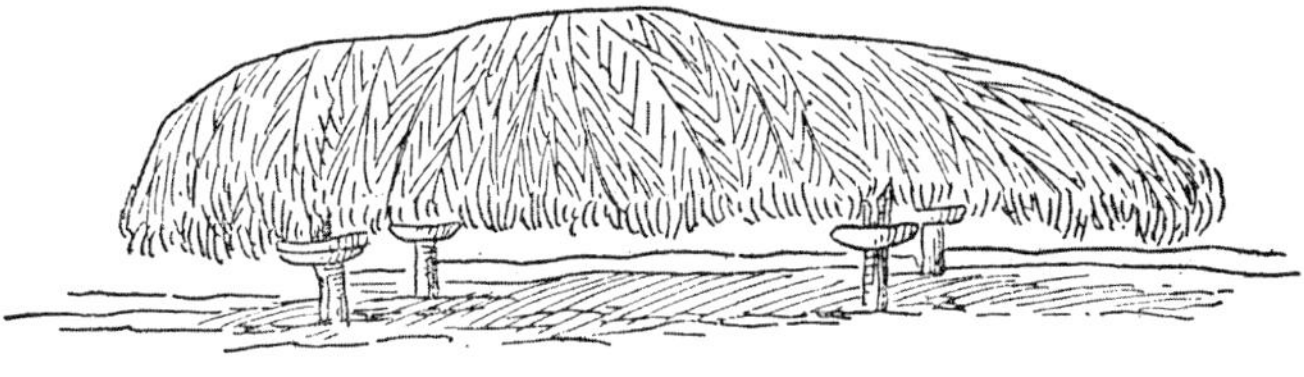

赤道直下の森林帯では年平均 2,000mm の降雨がある。平均温度は 28℃。
屋根のみにて足りる。日射は垂直に。

rue Garnier

Ⅲ　ことばの中で育ち形の中に住みつく

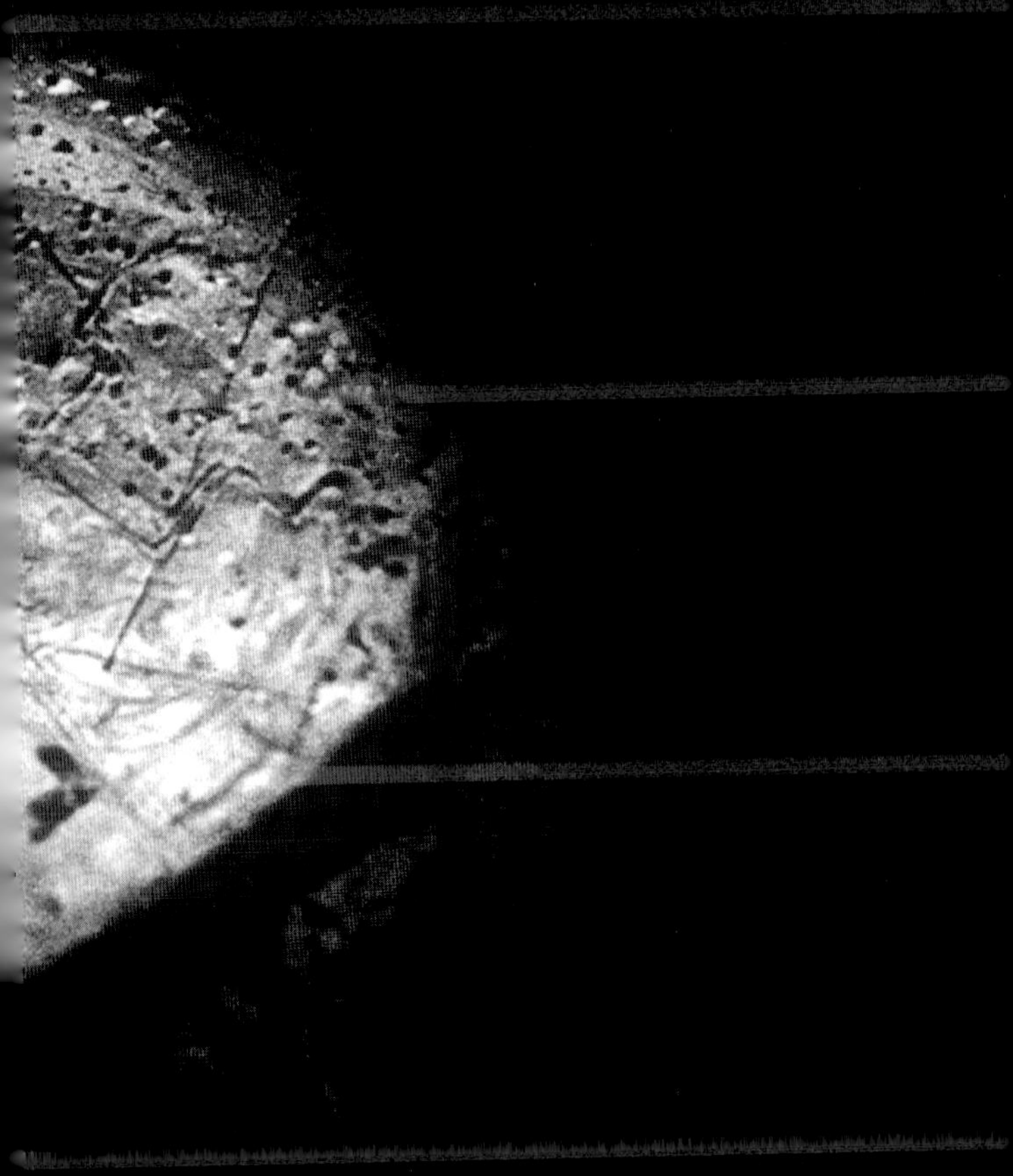

05 形姿

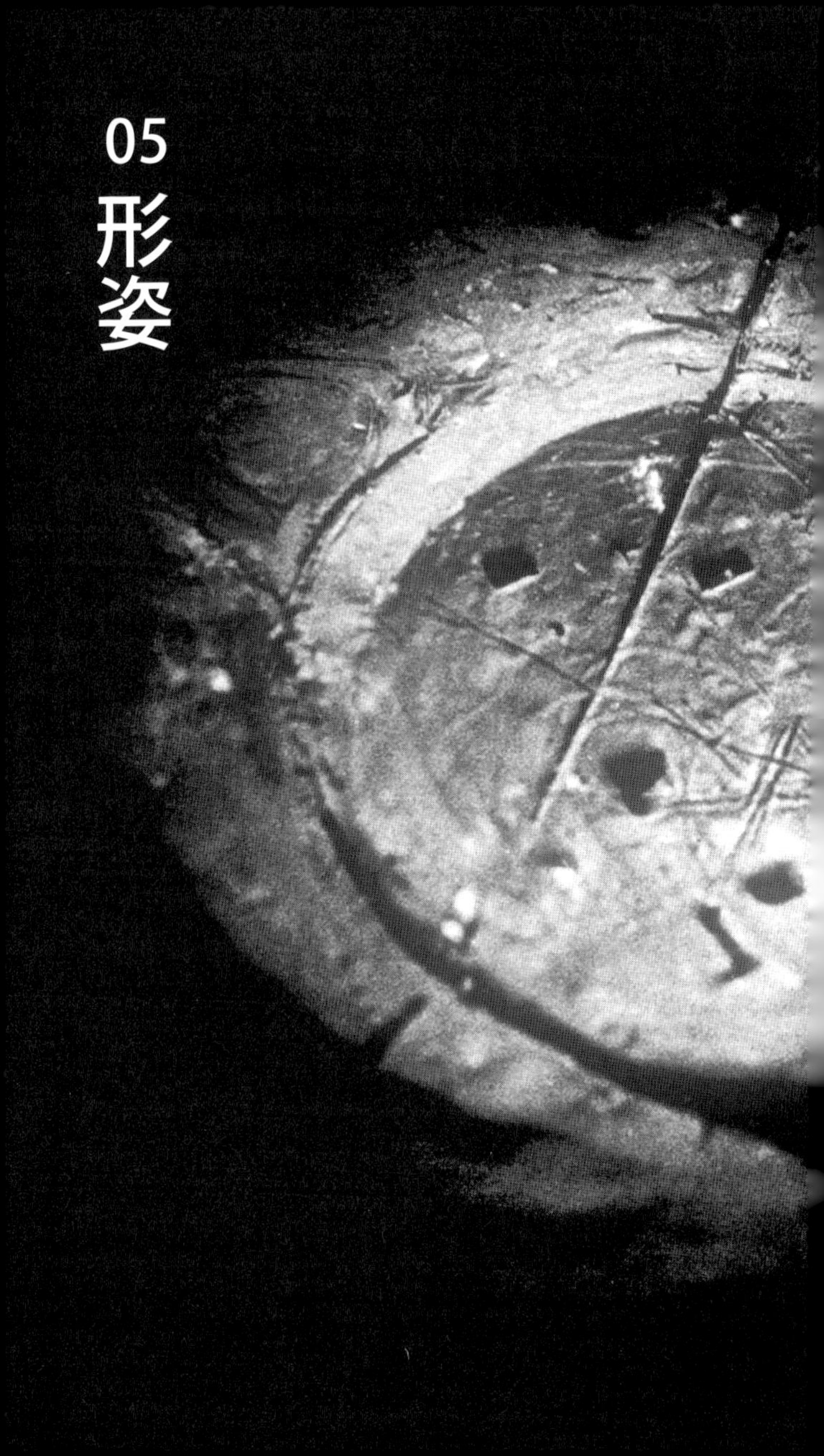

人間が物をつくる。その人工物に囲まれて暮らすということが新しい問題となり、つくる本人である人間、その「人間がつくる」とはどういうことかという根拠に戻って設問しなければならない。

人間の肉体は、平均して六、七十年間、補給をしながらではあるが、生命として燃焼しつづけるエネルギーをもっている。そのエネルギーを、積極的に物をつくる時には惜し気もなく注ぎ込む。その意味からすれば、物をつくるとはその物に生命を移すことだともいえる。私たちが物の形を通じてその奥にあるものを知り感動を受けるのは、注ぎ込まれた生命の多さによるのだろうか。

生命は全人格的なもの、総合されたものであるから、つくられたものに、つくった人の生命が宿るなら、その人の経験の、彼なりの体系づけ、意味づけ、意義づけた筋書きも移し植えられているとみてよい。そして、まとまった形だと認識したとき、それを美しいとみる。全面的に人格を投入していれば、幼児も大家もここでは対等である。

しかし、今日の文明を成立させている科学や技術は、必ずしも総合的ではない。部分に分解されているので、バラバラにはそれぞれ誰でも学習や訓練をして身につけられる。しかし切れ切れに離れたものは、時に、こと志と違った方向に用いられる。人類のためにと考えたことが、逆に権力に憧れる政治的な力で横車を押されたり、富に溺れて私欲のために独走して、ついには人類滅亡の方向に利用されるかもしれない。

安心できるのは総合されたものだ。善悪、好厭ははっきり判定できる。歌や踊り、絵や彫刻と同じように、建築や町並みは私たちに直接語りかけ、感銘を与える。それは実利をこえた所でのことだ。このためには過去を顧みて、物の形がつくられる経過に学び、他方、未来に賭けて提案をするみちを探ることだ。

ものをつくるとはそのものに生命を移すことだ

〈生活とかたち〉一九八〇年

これはいけそうだ

途方に暮れてどんでん返し、
最初の本館は、江津の延長だった。江津のしっぽがあった。
ある晩、模型を囲んだ打ち合わせで、
ぽっと中央セミナー館の模型をひっくり返した。
ただ、黙って置いた。
それを見て誰も何も言わなかった。
各人の胸の中は違っていたのかもしれないけれど、
とにかくいけると思った。
ああいう劇的な瞬間というのは、一生の間、そうは無いもんだ。

大竹十一（おおたけ・じゅういち）一九九五年

大学セミナー・ハウス、本館の油土模型。現場が始まってから、窓や庇、面の取り方と、ぎりぎりまでエスキスを重ねて形を決める。1964年

粘土はおさえると凹む。
凹んだところは薄くなる。
細くなったり太くなったりして
垂れ下がって
美しい線や面を生み出す。
そのおもしろさを組み合わせたり
意識的につくってみたくなる。

〈原風景ー藤田昭子の燃える造形〉
一九七八年

不思議な扉

複雑なこの世の現象を解いてくれる一つの鍵を発見した時の喜びというもの、驚きというものは一致しているのかもしれない。しかもそれは私一人だけが覗きみたものではない。大勢して探して、皆を呼び集めて「オイみろよ、この素晴らしい世界を!」といって、肩を組んで覗いているのである。

〈建築文化〉一九五七年

冥想、討論、醗酵、逆転、討論、瞑想等々。走り書き、清書、修正、順列組み合せ、こねくり回す粘土、紙の模型。ふたたび冥想、討論、発火、そしてうまくゆけば凱歌。それからしばらくして壁、ゆきづまり。こんなことがくりかえされる。

〈今日の建築〉一九六〇年

アトリエでは模型と図面を真ん中に囲んで、何度も何度もディスカッションをして案を練る。奥右から、吉阪隆正、滝沢健児、松崎義徳、手前左から、戸沼幸市、大竹十一、岡村昇。1963 年

楔

「それはここだ」とマークすることは人間の諸活動の根元である。

形姿の世界では、それには楔を打ちこむ加え算型と、削りとるという引き算型とがある。砂漠や草原的風土で生まれたのが前者であり、森林地で見出したのが後者で、これら二つは今日までの造形の偉大な創造の根なのだ。

私たちはこの二つの手法をあわせておこない、まず円錐状の楔を畑引山に打ちこんで、その頭を球面で削りとってしまった。人間の側からする力の表現だ。それは地震、噴火あるいは浸蝕などの天然現象と同じくそれに当面した人々の心にハッと感じさせるだろう。見なれた平地に、ある日突然、地割れを見つけたとしたら、人々は必ずやえらいことが起こりつつあるぞと気づくに違いない。それだ。

なぜという疑問はそれから後である。どうなるかという憶測も間をおいてからである。その場にあった人間は直感によって察するほかない。そのような新しい存在である。

この新しい環境は強烈であればあるほど、新しい秩序と安定均衡を求めるだろう。なぜならばそれは、機能の集積から生じたものであるよりは鬱積したものの爆発だからであり、価値転換だからだ。頭を球面に削られた大きな楔は、人工であって人工をこえる叫びなのだ。光が闇の中をつっきるようにすべてはそれからからはじまるのだ。

心はあってもまだ人はいない。無人の山にも似ている。ヒマラヤの山頂に目を向けた瞬間に等しい。登山はそれからのちのことだ。新しい自然がそこに生まれる。新しい自然の心をもとに、再び人間の世界をその中に築くのだ。

しかしそこでは、内、外、前、奥。上、下なども旧来の常識も再検討されなければなるまい。

箱根国際観光センター・コンペ〈建築〉一九七一年

丘があった

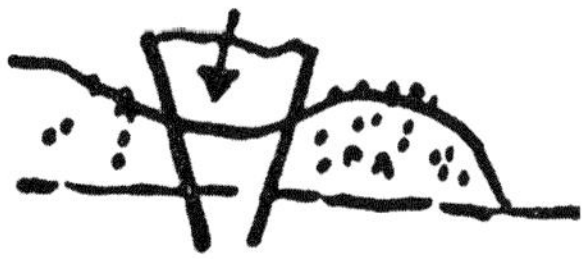
円錐の楔を打ち込む

丘も楔ももろともに削る

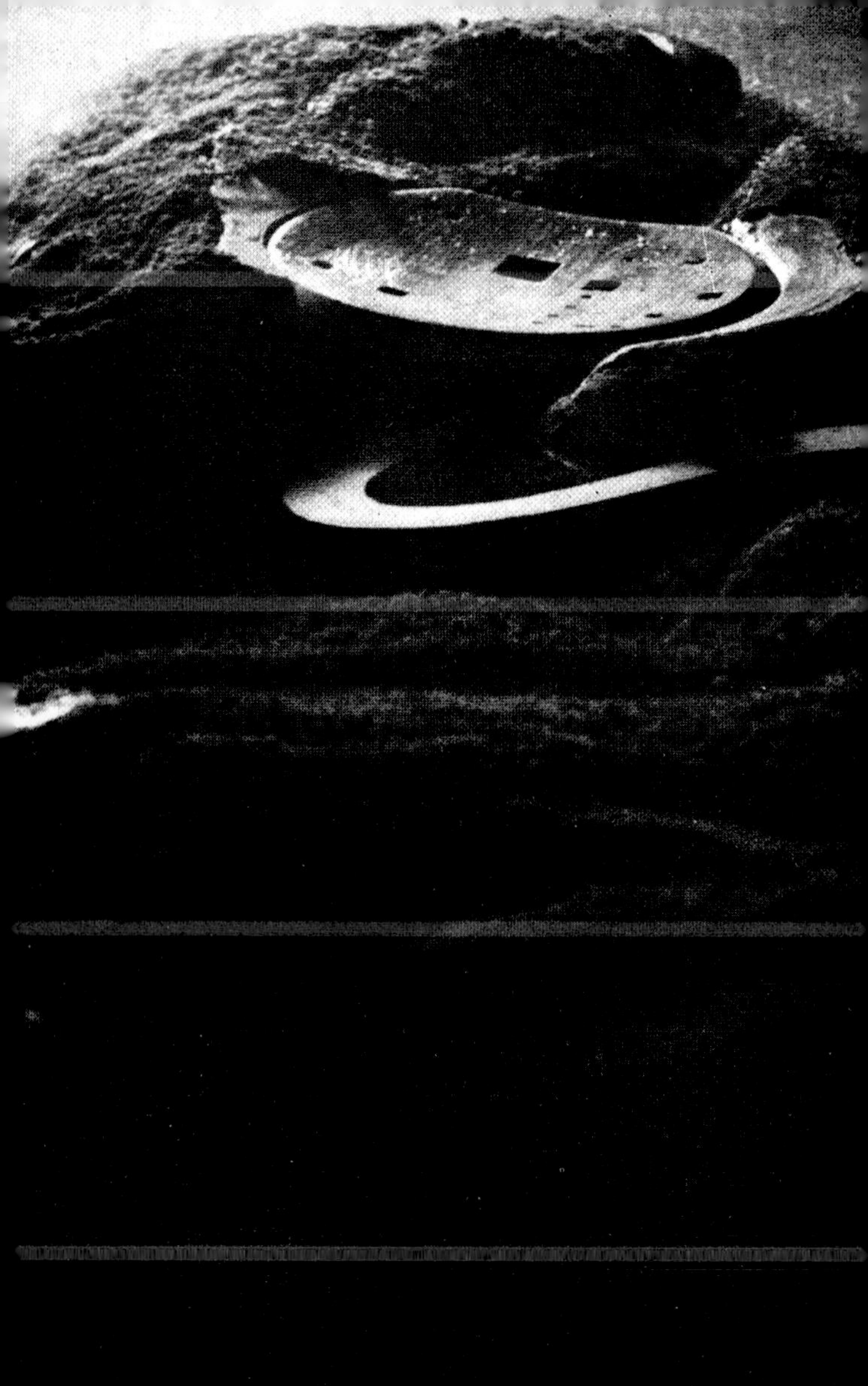

箱根国際観光センター・コンペ　外観模型　1970年

感動

感動は人の心の内に生じる現象だが、それは外界との接触の刺戟からその人の生体を通じて反応し生じるものが大部分である。

外界の形姿　生体　内心の感動

いま形姿に関するものを取り上げるならば、

一　一般に外界が複雑でわかりがたい姿を呈しているとき、身体が弱ければ困惑と恐怖を、強ければ闘志をもやさせる。また単純で把握しやすいものについては同じく安心や親近感を、または退屈を感じる。

二　いま、もし何らかのきっかけで、複雑でとらえがたいものが単純な姿に要約出来たとき、諦めていた恐ろしいものが急に身近かな親しいものに変化することで心は喜びから感動となる。

三　また、逆にいつも身近すぎてつまらないものが、その組み合わせなどを通じて、複雑難解な世界を覗かせてくれて、意表をつかれたとき、その驚きから感動が生じる。それらの感動を通じて、新しい自然と人間との関係が成立する。ここで両者の間に一番大切な問題は次の三つである。

（イ）二つの世界の批判
（ロ）両者の接点の始末
（ハ）相互観入のあり方

人間は実は、理性では割り切れない存在であることが明るみにでてきた。無意味な解釈の拡大を行なうのもその非合理性の傾向にほかならない。
そこで人間の側をつかむには、その非合理性の世界を何とか共通項でとらえ得る物差を探さねばならず、それには「感動」という現象をとりあげることが一つの脱出口になりはしまいか。それはすぐれて形姿に関係し、その変化にかかわることである。

箱根国際観光センター・コンペ〈建築〉一九七一年

衝動

日常の生活の維持のために、われわれはどうしても営まねばならない諸々の行為がある。「飯を食うためには…」という生命維持のための、のっぴきならぬ活動である。これもまた止むを得ず行う時は悲しい。ギリシャの昔、軍船につながれて櫂を漕いでいた奴隷たちの惨めさが想像される。だが、その同じ舟を浮べて進める動作も、無目的な遊びとなって来れば、これは楽しい。

冷たい雪を、いいつけられて取りのけるのなら、これは辛い。だが子供らは手に呼吸を吹きかけて暖めながら、喜んで雪ダルマを作っているではないか。

これらを見ていると、造形の根底には二つの衝動があるように思われる。

一つは、何とか何もしなくても満足が得られるようにならないものかと工夫する所から出発する、主として合理性に導かれてつくられるもの。今一つは、目的はどうでもいい、とに角つくってみたくなった、やってみたくなったからやるのだという遊びに出発し、主として感性に導かれてつくられるもの。

〈環境と造形〉一九五五年

造形は通じる

大体子供を見ておりますと、赤ん坊なんかアーッていうだけで、もう通じちゃう。そのうちだんだん知恵が発達してくると、口先だけでいうようになる。大人になればなるほど、口先だけで話す。口先だけでうまくやらないと、コミュニケーションがうまくいかない。腹ごとではうまくいかないんですね。そうすると、人づきあいというのは大変むずかしい。その言葉が不自由であるために、よけい具合が悪い。ここでまた人づきあいに対する敗北感みたいなものを感じた。そのときに何が通じるかというと、物体は通じる。造形は通じる。これは黙っていてもいい。

〈吉阪隆正対談集　住民時代君は二十一世紀に何をしているか〉一九七九年

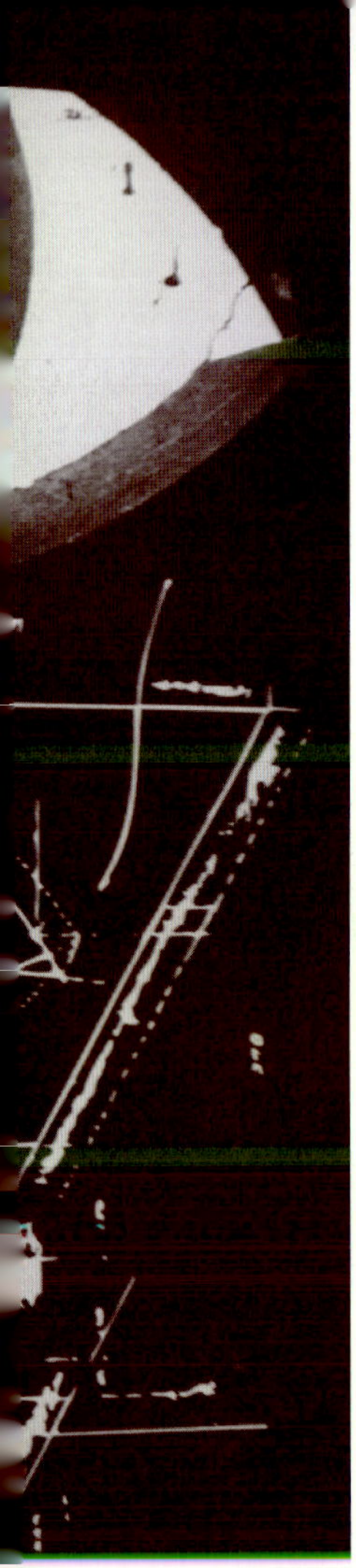

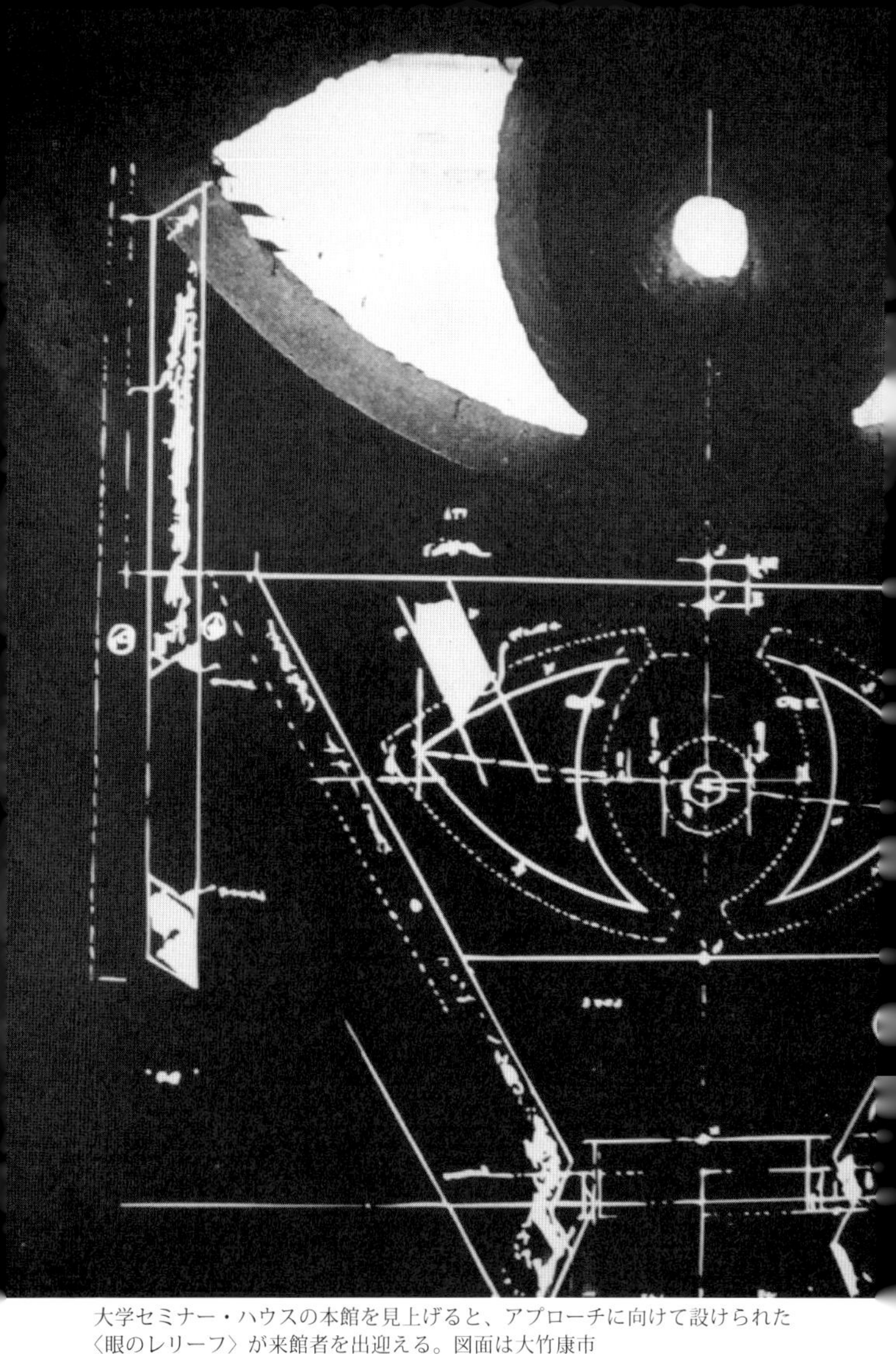

大学セミナー・ハウスの本館を見上げると、アプローチに向けて設けられた〈眼のレリーフ〉が来館者を出迎える。図面は大竹康市

スケールのないところにスケールを与える

ヴェニス・ビエンナーレ日本館

最終案の芽生えと発展

こちらがこれぞと思って出した案はいわば否決された形である。先方の要求である〈日本的〉にまとめたものは、表面は日本の形を取り入れているが、その皮相さのみを感じられて、こちらの気持ちも確信も生じない。

八方ふさがりの状態のままクリスマスの夜、私はヴェニスに向かった。飛行機の中に、サンタクロースが祝いを述べに来ても、私は眉に八の字をよせてどうしたものかと考えこんでいた。

二週間のヴェニス滞在を与えられ、六月開会までの準備に出発する。一切は私にまかされているのだ。無から有を生み出すために、私は残された機会は五〇時間の飛行機の中だけである。いかに七〇坪ぐらいの小さな建物、単純な内容のものであるとはいっても、何とも時間が短い感じである。

飛行機はグングンと太平洋上を南下していく。それにつれて機体の外が暑くなっていくのが感じられる。マニラについた。蒸し風呂のようだ。ついさっきまで外套の襟を立てていたのにここはアロハシャツを必要とする。ここの人たちは冬を知らずに年中この暑さの中に生活しているのだろうか。

寒い日本の気候の中でかじかんでいた私の生理は、ここでそっとゆるめられた。しかしまだ遠慮がちに、私を包んでいた暑い空気に私はまだ慣れていない。そのことは頭や心の中についてもあてはまる。日本でこだわって作っていた案もそっと私から離れはじめた。

私のまわりに大勢の人間がいる。だがそれは皆私とは何のかかわりもない。日本にいた時はそうではない。私は大勢の中の一人だった。今私はポツンと大勢からはじき出されて、一人である。大勢の中にいたときは、私は大勢の力に寄りかかっていたことを今になって知った。今、私は一人で、どこにも寄りかかる所はない。ジャングルが切り裂かれて、一本だけ取り残された木のように、ヒョロヒョロと立っている。身体のまわりがひどく寒くたよりない。しかしこうしてジッと耐えているとそのはぎとられた周囲との間に薄皮が次第にできて来るようにも感じられる。卵から出たばかりの新生児が、そっと新しい空気の中で、生活へ順応できるまで待っているような、そんな気持ちでマニラの一時間は過ぎた。

それからバンコックまでの数時間、私はすっかり日本の気候から離れた。一切が遠い過去になって日本でのできごとはもう歴史のかなたに、時空とともに私から離れていた。私はややすがすがしい気持ちでバンコックの熱風の中でジュースを飲んでいた。どうしても決定案を見出してしまわなければというあの重圧は半分以下に減っていた。旅の楽しさを味わうだけの余裕がでてきて、まわりにいる人たちをスケッチしたりする気にもなった。

西に向かって飛んでいるせいか、こうした一箇所に止まっている間は太陽のスピードが増したみたいに時間の経つのが早い。着陸した時にはまだやっと日の出だと思っていたのに、ジュース一杯を干す間にもうすっかり直射の暑さを感じるまでになった。三〇分とは過ぎていないのに、日の出から真昼はどうしてこう速いのだろう。

だがこの速さは、私の生理や心理の順応の速度にも影響した。まだどうなるかわからないながらも、ウツボツと体の中に力がみなぎってゆくのがわかる。

カラチを経て飛行機は真直ぐに西へ、地中海に向かってとぶ。青い色はすっかり空に蒸発してしまったような砂漠地帯が続いている。

そうだ、地中海はこの乾燥した土地の親類だ。何より先ず日よけ。日よけ、ルーバー。天井をルーバーにしたら。もう私はローマに着くのが待ちどおしくなっていた。

〈建築学体系三九〉　一九五九年

このいくつかのスケッチは交渉の段階から
委員会に提出するまでのさまざまな過程の中から
無作為にぬきだし羅列したものである

一度は最終的なものと考えていた計画

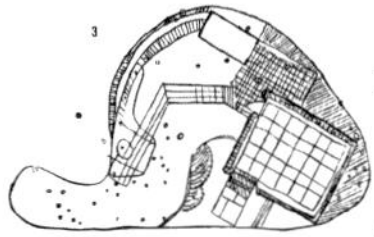

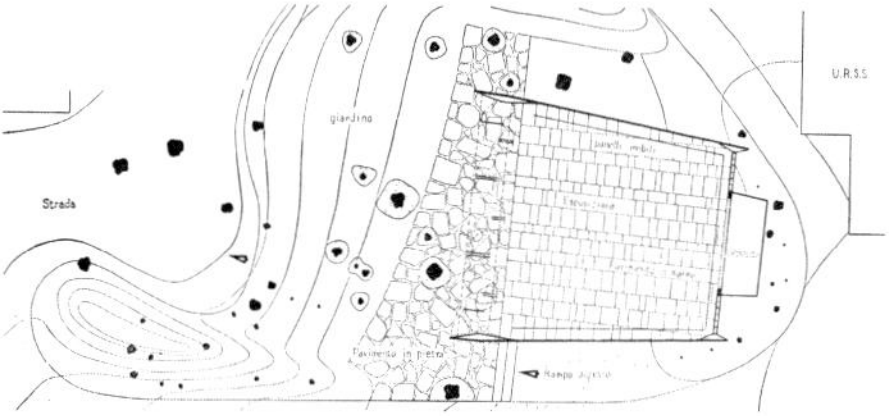

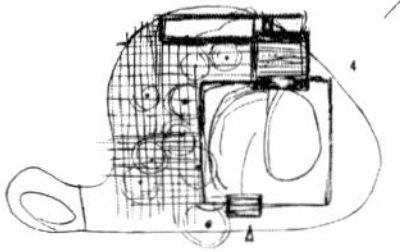

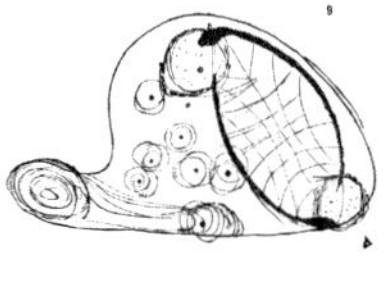

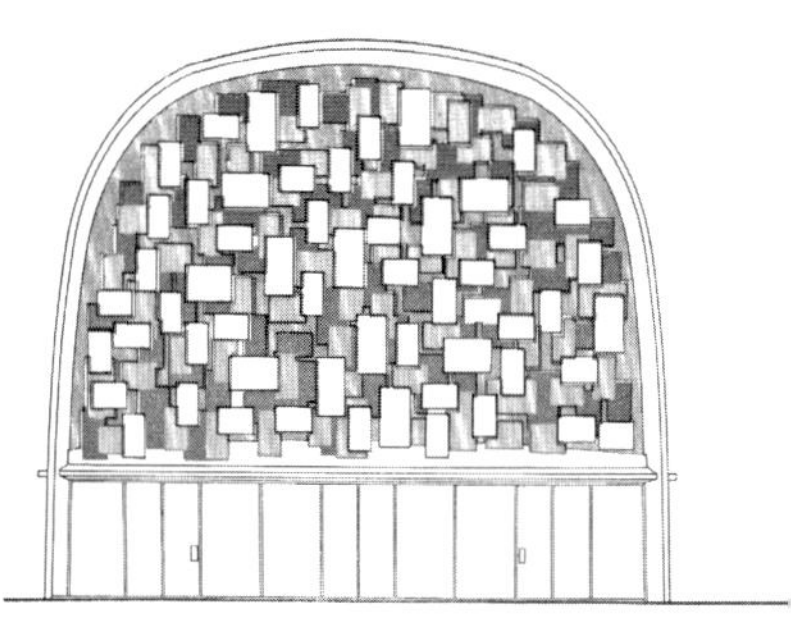

案の決定

あるアイディアが〝これはいけそうだ〟という
充実した気持ちをグループ各人にもたらすときは、
理屈でなく身体全体でうけとめられるときである。
そうした充実さがあって
はじめて個人のアイディアが、
グループのアイディアとして
実り多き未来を約束されながら
育てられていくのである。
この日本館の最終案も
そうしたものだった。

〈建築学体系三九〉一九五九年

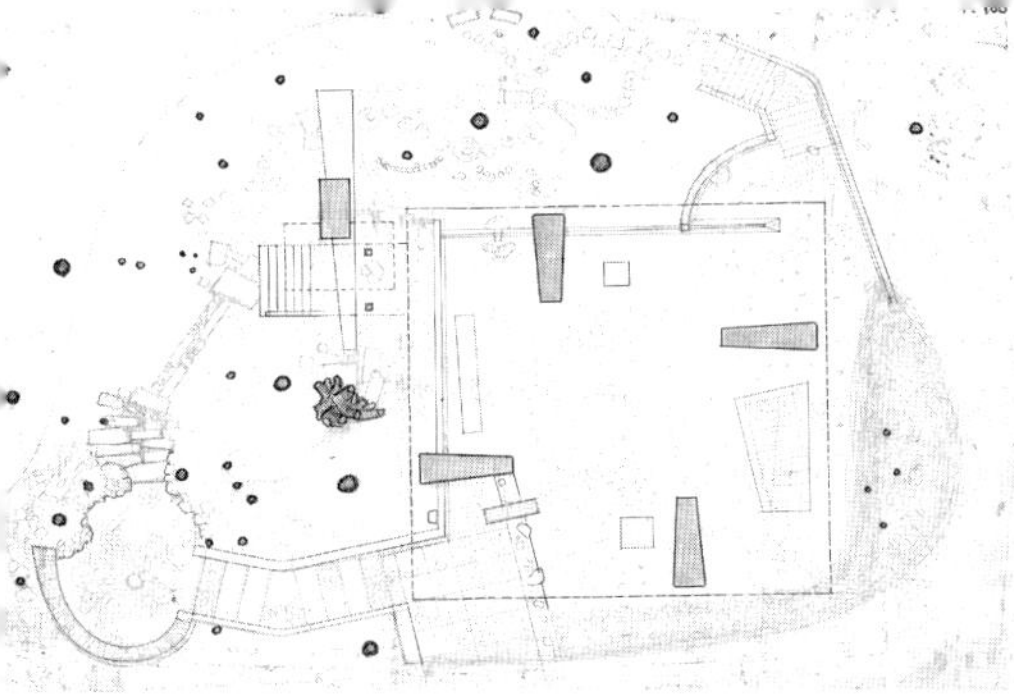

ヴェニス・ビエンナーレ日本館の最終案スケッチ

平面は全体の決意である

平面はもっとも活発な想像力を必要とする。それはまたもっとも厳正な規律を必要とする。

平面は全体の決意である。それは決定的瞬間である。

平面とは、マリア様の顔を描くような綺麗なものではない。それは峻厳な抽象である。


〈建築をめざして〉ル・コルビュジエ 一九二三年

建築の設計は、世界観、人生観にはじまる。

それを形姿あるもので表現しなければならぬ。

通常の平面、立面、断面では表現しきれない。

最後には肌でふれる材質をそのすがたに頼るほかあるまい。

これによって、古来いわれてきた「用と強さと美」の綜合を求めたい。

図面は、こうした考えの記号的表現である。

〈パノラみる展挨拶文〉一九七五年

大学セミナー・ハウス全体配置図

階段は意志、廊下・斜路は情緒、橋は夢…

階段に意志を感じた僕だが、この伝でゆくと廊下は情緒で、橋は夢なのかなと思う。

セミナー・ハウスで現在生きている道は、昔の山道や村道を利用し、そのまま整備して使用している道である。一〇〇戸の宿舎、七棟のセミナー室、浴室、便所等は、この山道を自然の廊下として結ばれ、配置されている。山道が廊下であり、階段である。この手法はその後二・三・四・五・六期工事と増築されるに従って、山道はついに建物の中にまで侵入してくるのである。建物の中を山道が通り抜けてゆく。木の葉や虫や風が一緒に入ってくる。

セミナー・ハウスの谷に、全長一二〇mの橋を架けた。「手摺がゆらゆら揺れるぞ！」と竣工式の当日、息せき切って知らせてくれたので、「あれは揺れるように設計したんです」と説明したら、唖然とされた。この橋はもともと、吊橋にしたかったものである。それで手摺をわざわざ揺れるようにした。これで吊橋の感じが出せたとほくそ笑んでいる。

〈建築知識〉松崎義徳（まつざき・よしのり）一九七八年

ことばの中で育ち、形の中に住みつく

〈生活とかたち〉一九八〇年

大学セミナー・ハウスの一番高い丘の上から、
本館の最上階に架けられた橋

FとJ

鍵をさずけよう。秘密を解く鍵を。

日仏両国の結びつきの妙なることを形にあらわしてみたかった。その鍵を。このタイルをよく眺めてもらいたい。そこに鍵はかくされているのだ。それは日仏をローマ字でFとJとして組み合わせてある。色がわりはあるにしても、いずれも同じFとJである。ただし、FとJとはかならずしもFJとなっていないで、FJともJFとも、そして又JFともなっているのだ。

ここで数学の順列組み合わせを思い出して欲しい。たった一つのFJタイル。これをいろいろに組み合わせたら面白い図柄になるだろうと考えたのが出発だったが、意外にもその組み合わせの多いのに驚き、とうてい皆やってみてその中から選ぶということが不可能なのをさとったのだった。それほどに日仏の文化交流はいろいろな綾をなすということを証明するにはよいと考えたのだった。

今私たちは鍵を教えた。一つ使って新世界を、未見の世界を発見し、打ち立ててみてはどうでしょう。私たちも多いに協力致しましょう。

〈近代建築〉一九六〇年

日仏会館のタイル

原寸図でさわる

設計をしながら全体像を追求する場合、全体と部分の関係は注意深く検討されなければならない。触れるという意味はそのほとんどの場合が手で触れることを示すのだろうが、心に触れるという言葉もあるように、何か人間にとって大切な行為であり心理なのだろう。触れることで人は多くを認識する。手・足・体等が触れる部分は、全体像を人に伝える「物」として格好の手掛かりであるといえよう。

われわれが思わず現寸にかりたてられるのは、全体と部分の関係にとって、そのあるべき姿は何かを見極めようとするからであって、またそうしながら、みずから触ることによって、何かを認識しようとしているのかもしれない。

〈ディテール〉一九七三年

設計、それも体なんだね。だからやっぱり描かないとだめ、夢中になって、体全部で描いて追いつめているとしかいえない体に近いところは気をつけないといけない。大切にすること。

大竹十一（おおたけ・じゅういち）

てんてこ、てんてこ点を打ったり
指で擦ってぼかしたりするんですよ。
要するに土や空気なんですけど、
本能的にリアリティーというか、
そっちに自分を持ってゆきたい

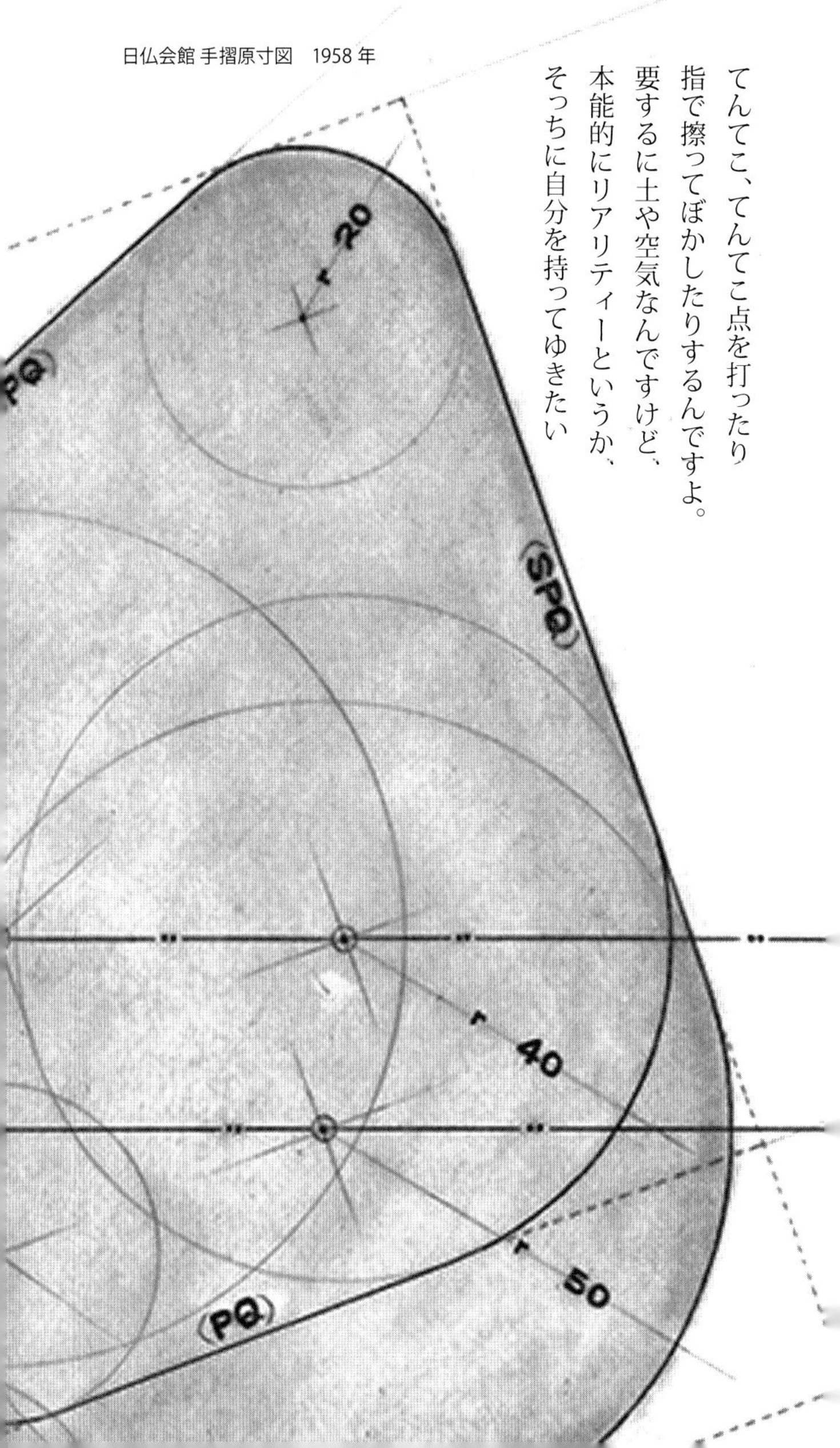

日仏会館 手摺原寸図　1958 年

06 希望

焼け跡の記憶

一九四五年五月二五日　空から焼夷弾が落ちて、過去の住居を焼き払ってしまった。

もっとも、東京にはこんな風に過去の蓄積と歴史とが一夜にして烏有に帰した事件は、この戦災の以前にもあった。それは大正一二年の震災である。

こうして現実が無理やりに思い出の世界に押しやられ、それにかわって希望と憶測とが交互にわれわれの心を捉えた。

楽しかった思い出は、私たちに夢よもう一度と過去へしばりつけた。再び実現しないとは知りつつ絶ち切れない過去の姿をもう一度つくらせて、今人々はその中で喘いでいる。未見の世界の不安が憶測となってこの傾向に拍車をかけた。

折角自然が断ち切ってくれた不具合になった古い世界を、人々は思い出と憶測の病のためにもう一度芽生えさせてしまった、その中

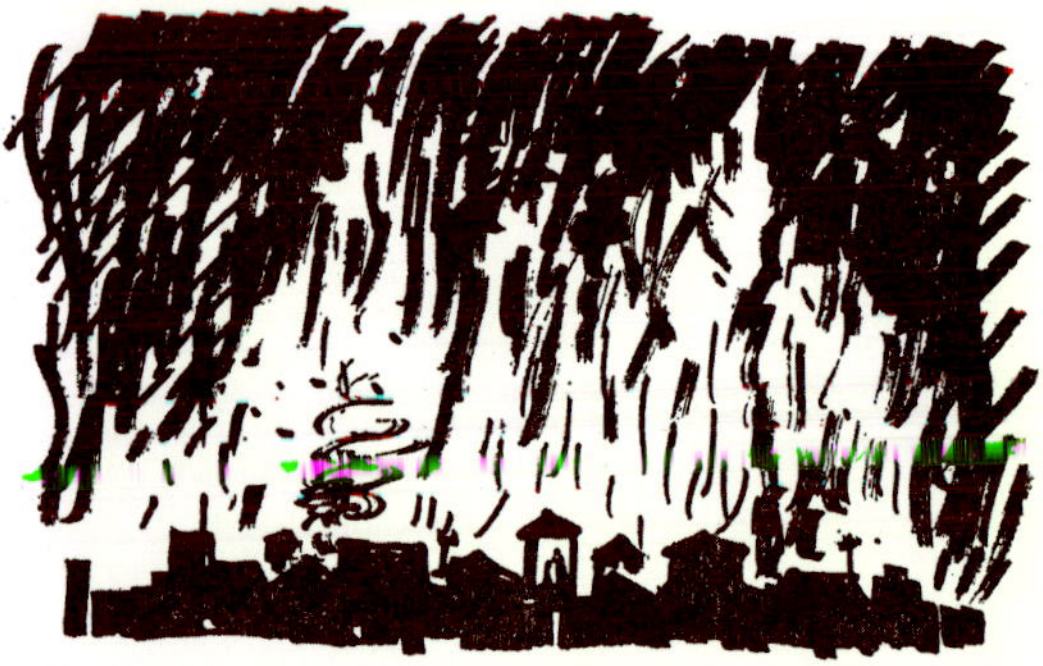

震災の夜の印象

で呻吟することになったのだ。天は二度まで火を以って東京の人々を警告したのに、この人々はまだ目醒めない。海の水が都心を埋めつくしてしまう水害が来るまでだめなのだろうか。

世界の人々の組立てが根底から変わったのだ。もはや古い方式では、どうにも処理できない時に来ているのだ。その時には新しい器が必要なのだ。新しい思い出をつくるという、建設的な活動がいるのだ。これを希望という。

だが希望も努力を伴わないと、思い出や憶測と同じ病気に過ぎない。希望が現実となるためには、たえざる努力が必要だ。蟻のように少しずつだが土を運び出してゆかなくてはならない。そうすればいつかは大きな城壁も崩壊をする時が来るだろう。

焼け跡に立って、私は胸をふくらませて、将来の姿を夢見た。そして何とか少しでも努力し、試みたいと願った。小さな個人の力で、それは大した結果にはならないかも知れない。しかし、新しい世界への一歩は踏み出される。

〈ある住居・一つの試み〉一九六〇年

大地は万人のものだ

大地は万人のものだ。私は一人占めする権利はない。今の法律がよくない。その信念を実行してきたまでのことだ。これを理解してくれた人々は、私の考えに協力してくれた。それはアフリカのキクユ族の土地占有のあり様に似ている。必要な間だけ使う。使われなくなったら誰でもそこを使えるという方式。

〈ある住居・一つの試み〉一九六〇年

人工土地〈ある住居・一つの試み〉

ある住居

バラックはとりはらわれて、大地は万人のものとなった。私は人工の土地に、空中に住むようになった。町に住む子供たちは、広くなったこの土地へ自由に来て遊ぶ。それでも空中に、人工の土地の上に住む私の生活は何の邪魔もされないで静かである。

緑の木立ちが、この人工の土地をとりかこみ、大地は再び自然の姿をとり戻した。たった一〇坪の庭。しかし垣根や、前の家の日陰にならない庭がそこにある。雨の日でも泥んこにならない庭、寒い日でも霜柱のたたない庭、夏の盛りにも涼風の絶えない庭。私の庭は、今は人工の土地の上にある。このコンクリートの土地の上にも、土を盛れば木も草も生える。そして季節が来れば花も咲く。

人工の土地は、コンクリートだけでつくられるものではない。あらゆる材料、あらゆる設備、いや人間のあらゆる知恵を結集して、人間のためにつくられるべきだ。皆が住みよくなるような、調和のとれた、美しい、楽しい生活を求めて、努力を怠るまい。

〈ある住居・一つの試み〉一九六〇年

吉阪自邸外観

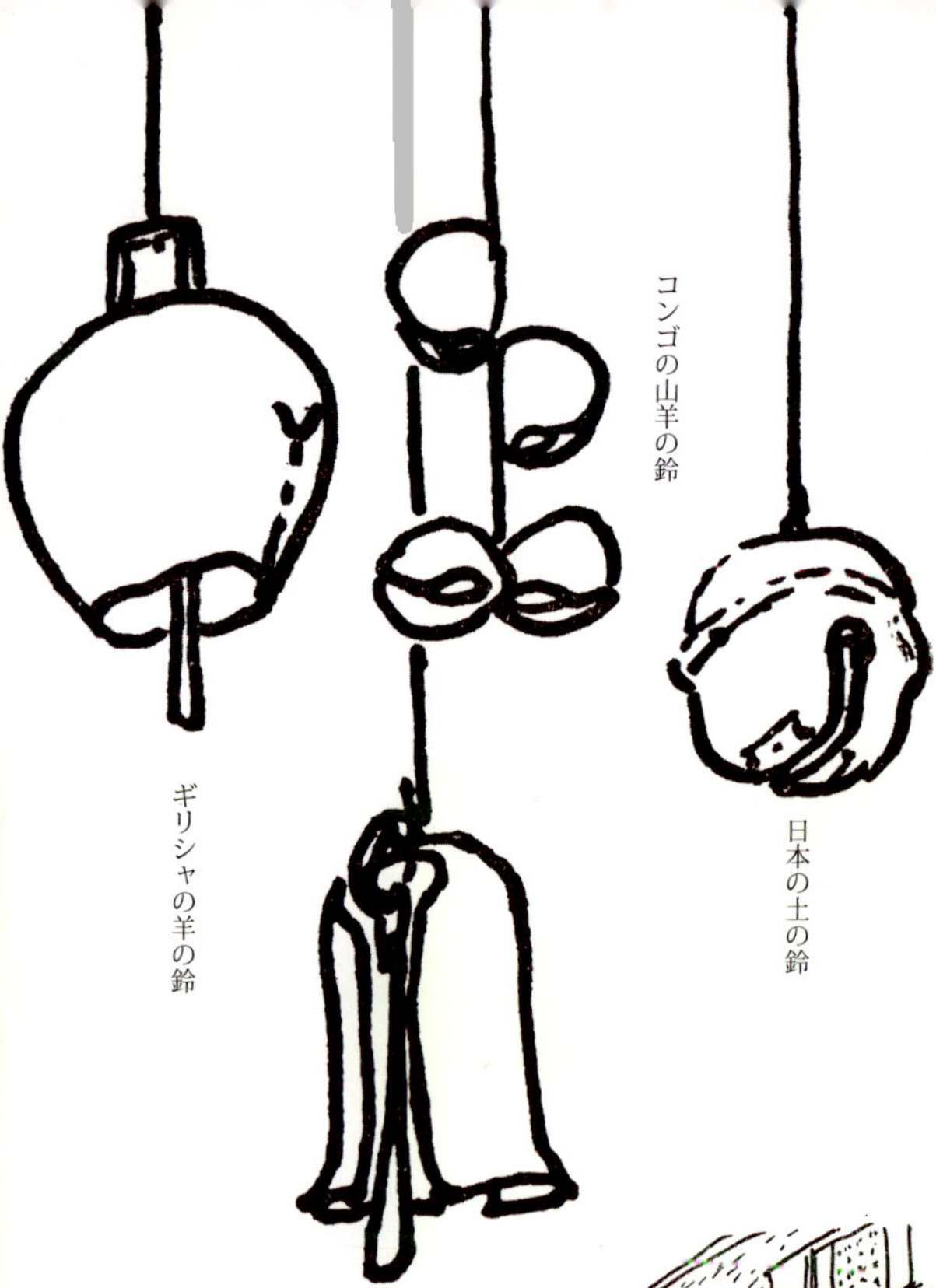
日本の土の鈴
コンゴの山羊の鈴
ケニアの足につける鈴
ギリシャの羊の鈴

世界中が入口から入ってきた。
沈黙したまま、しかし触れる人には、その地方の響きを聞かせてくれる。
〈ある住居・一つの試み〉一九六〇年

居間には吉阪が地球を飛びまわって集めた石やものが並べられ、
様々な地域の鈴が掛けられた

人工土地のこと

そもそも、人工土地というのは立体的に利用された土地をさすのではなく、何よりも、自然に対する態度にかかわることなのである。人間が手を入れたところ、それが畠であっても、団地であっても、中心市街地であっても、建物そのものであってもかまわない。ともかく人間が関係した土地すべてを指すのである。更に考えを押し広げて、人間の感情が対応している生の自然も入って来る。この考えの基盤に立って、土地の加工の規模や程度、加工の方式を土地に密接して問題とするのである。単に経済的な理由で、効率よく、土地を運用しようという市街地改造のための便法などではなく、土地の性質、あり方に価値をおいた、自然に対する態度、したがって、具体的に技術を選択し、適用するときの判断が問題なのである。

ただし、ここで、自然と全く背を向けた人工だけの世界が全て悪いといっているわけではなく、それを良しとするときの決心に意味があるのである。そうはいっても、今の時代のように、金しばりにあった技術が、土地をきまりきったやり方で制圧している時には、自然の景観を、物的な環境造成上の主要なテーマとした方がいいと思うのである。

〈国際建築〉一九六四年

私が心からつくってみたいのは、
その大地である。
住むためにすべてが準備されている大地を
人工の力でつくりたいのだ。
人工土地と私はこれを名づけよう。
それは現在の自然の陸地の上にあってもよいし、
海の上にあってもよい。
そしてあるいは、空中に浮かんでもよい。

〈建築文化〉一九五七年

すみれ色のMESA　パリ市オペラ座国際コンペ案 外観模型 1983年
象設計集団

東京に大震災の来る周期は近づいているようだ。それを避ける手段は今のところない。大変な犠牲の出ることだろう。その被害者のことを考えるとためらわざるを得ないが、今のところ東京を新しいシステムに切りかえるためには、その災害を待つほかないだろうか。

〈技術と人間〉一九七三年

東京計画

東京市街地は拡大するにつれて、緑地の面積比率が時代とともに激しく低下してしまった。いまとなってはこの巨大市街地の中にいては山も見えず、その上、浄化作用を失った緑がこまぎれになって消失している。

アスファルトでおおわれた地表はいかにも息苦しく、町、とくに中心部ほど酸素不足になってしまっている。最近の話しであるが、日本の政治の中心地――東京の都心である皇居から国会議事堂、各中央官庁街にかけての地下室――から酸欠空気が吹き出してそれに触れた人を殺してしまうという事件が起っている。

これは象徴的な出来事であるが、都市における土地を使い過ぎると地味が失せて、へたへたになってしまうようである。少なくとも何十年間に一度は農耕地と同じように掘り返

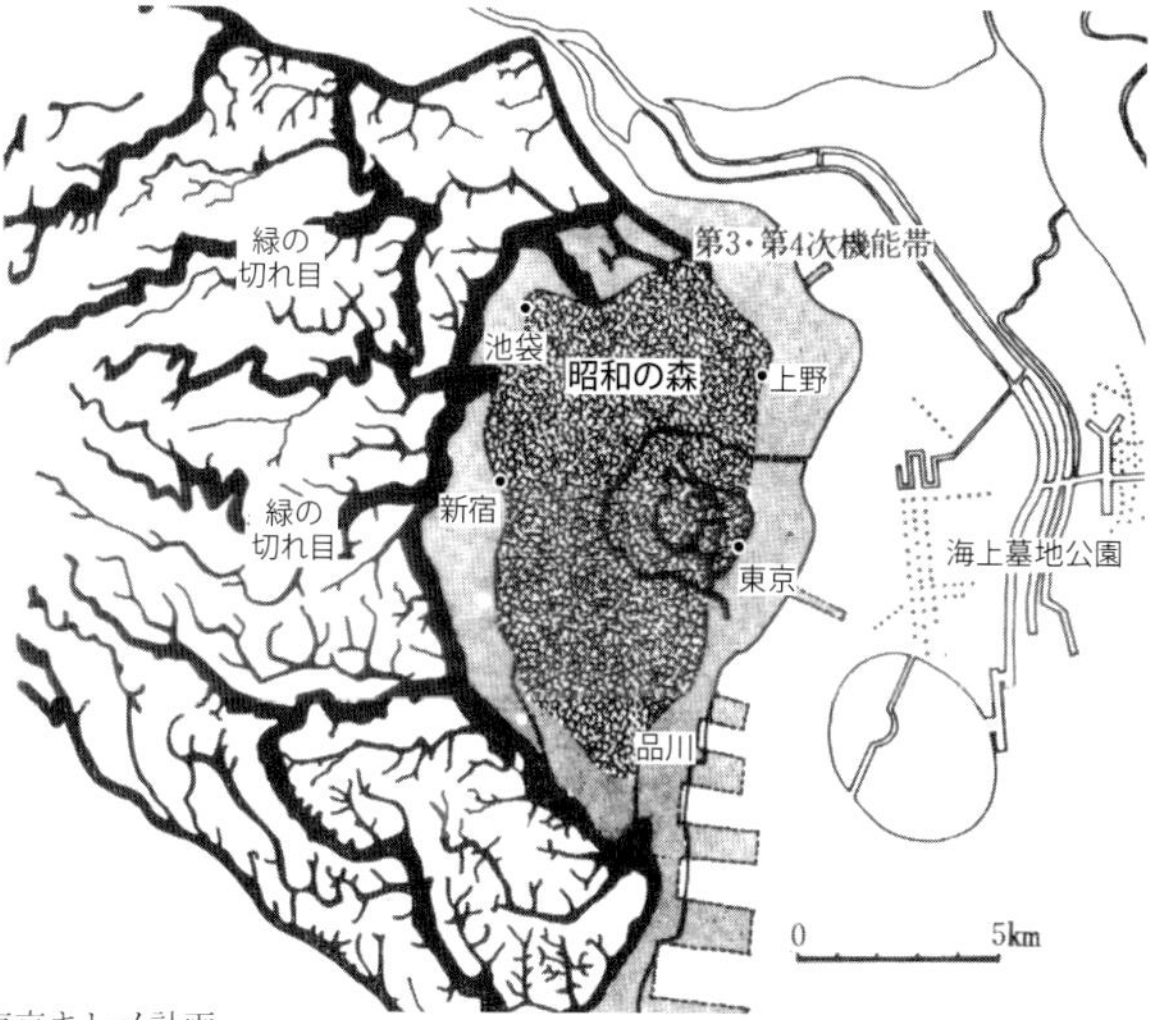

東京キレメ計画
① 江東０ｍ地区は**海上墓地公園**としよう。
② 山手環状線内は完全な森ー**昭和の森**ーとして自然を再生させよう。
③ 市街地に**緑の切れ目**を入れて自分がどこにいるかわかる街にしよう。

して、太陽にさらし、土にねばりを与えなくてはならないものらしい。そのためにも、太陽の光を呼び込む緑の自然が必要なことだ。マン・マシン・システムの中で機械に身を寄せすぎて、基本的な人間と自然のつながりを軽視した結果であるわれわれの東京経験は、いかに身近に緑地自然が必要であるかを教えているのである。

小さな市街地ならばその中に緑はなくとも周囲の自然が十分に緑を提供してくれるが、この巨大市街地では、あらためて自然を創り出してゆく以外にはない。それも一人当り何㎡といった考えとは別に、こま切れの緑地ではなく大きな塊りとしての緑地が是非とも必要なのである。それも市街の真中になくてはならない。中心位置ならば全市街地面積の一割程度でも相当に威力を発揮することであろう。現在の山手線内の土地面積は約六十平方キロで、東京市街地千平方キロの一割には満たないが、この中心的場所を全体として森といえるほど原始化することができるならば、おおいにこの市街は再生することであろう。

二十世紀末に持ちえた東京人のせめてもの知恵として、ここを〈昭和の森〉とすることができるならば、いまはともかく二十一世紀の東京人に少しはほめてもらえるかもしれない。

山手線内には現在でも、皇居一帯、上野動物園、神宮の森などかなりの緑地がある。とりあえずこれらを拠点とし、マシン系の施設やシステムを入れないようにして森づくりを始め、かつ山手線内のいかなる緑地についてもそれをつぶすなと決心し、できるだけ植林して、点在する緑地を盛り立てながらそれらを相互に緑の道路でつなぎ合わせることは実行できないことではあるまい。

そして山手線内から他に移転可能なものについては他に場所を求めるようにしてゆく。その際まず卒先すべきは日本国政府の各機関であろう。（中略）また日本的ピラミッド構

東京絵図 2001 年 /21 世紀の日本・東京再建計画。1972 年

造の頂点の地として、日本を東京中心の求心構造にしてしまった。東京市街の再建もいかに東京の求心構造を変えてゆくかにあるといえるのだが、その最大の原因となっている政府機関——末端的機関ではなく政府中枢機関を他に移転すべき時でもある。(〈二十一世紀の日本〉—北上京計画参照) 遷都して空地となった都心利用については、二十世紀のもろもろの出来事を記念する博物館として森の中に保存しておくことなどはよいことである。

政府機関がこの地を去るならば、都心のもろもろの負荷は少なくなり、よほど東京の緊張は柔ぐにちがいない。工業的施設にももちろんのこと、各種第二次産業的業務施設もそれと歩調を合わせて他に場所を転ずるという気運も生まれよう。東京の新業務地は山手線環状外側に新しく再編成されうる。それはまた関東平野百キロ圏の枠組の中であらためて議論されるべきものであろう。

山手線内を緑にする方策や手順についてはいろいろ考えられるところであるが、二十一世紀へ向ける巨大市街地再建策としてこの森林化作業は是非とも必要なことである。

週末を山手の森で過すなど悪くない楽しみだと思うのである。

〈二十一世紀の日本・下ピラミッドから網の目へ〉一九七二年

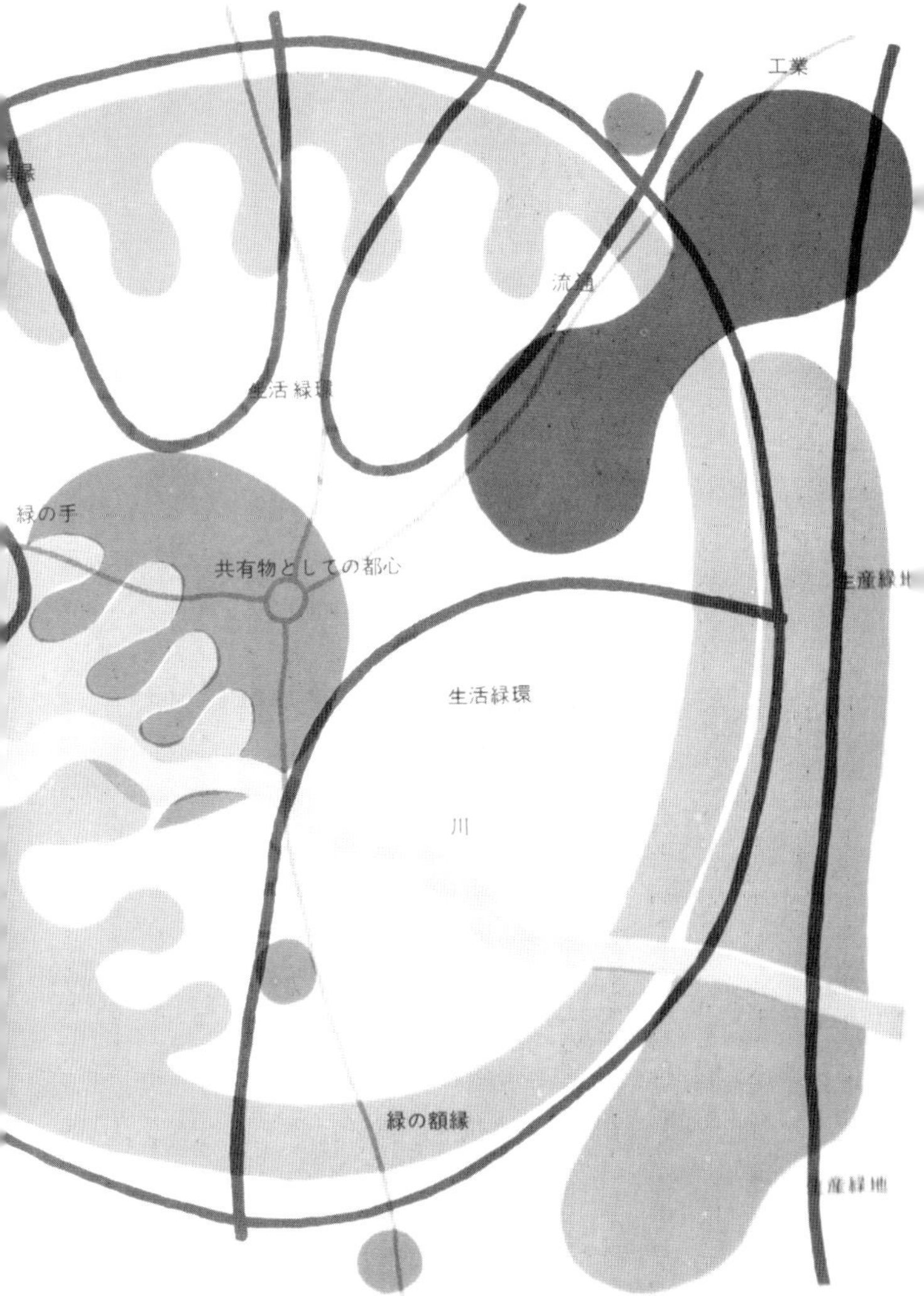

工業
緑
流通
生活 緑環
緑の手
共有物としての都心
生産緑地
生活緑環
川
緑の額縁
産緑地

仙台計画

都市を焦点として流れ込むとすれば、いつか泉が涸れる。したがってその逆の流れを同時に忘れず各々の泉に分配することが重要だ。それでも、大きい回路一本にすれば、旧来の小さい回路はつき崩され、集中配分の複雑化のため新しい不安定の原因を内蔵することになる。

こうした点からは、世界的規模になりつつある地域のまとめには、それだけ安定要素とともに不安定要素も多くなったといえよう。要は個々人の小さな生活の安定を最小労力で満たそうということなのだが、規模の拡大は安定の拡大であると同時に、不安定の拡大ともなるので、この後者に対し安全弁を確保することが緊急となってきたのである。

〈杜の都・仙台のすがた　その将来像を提案する〉一九七三年

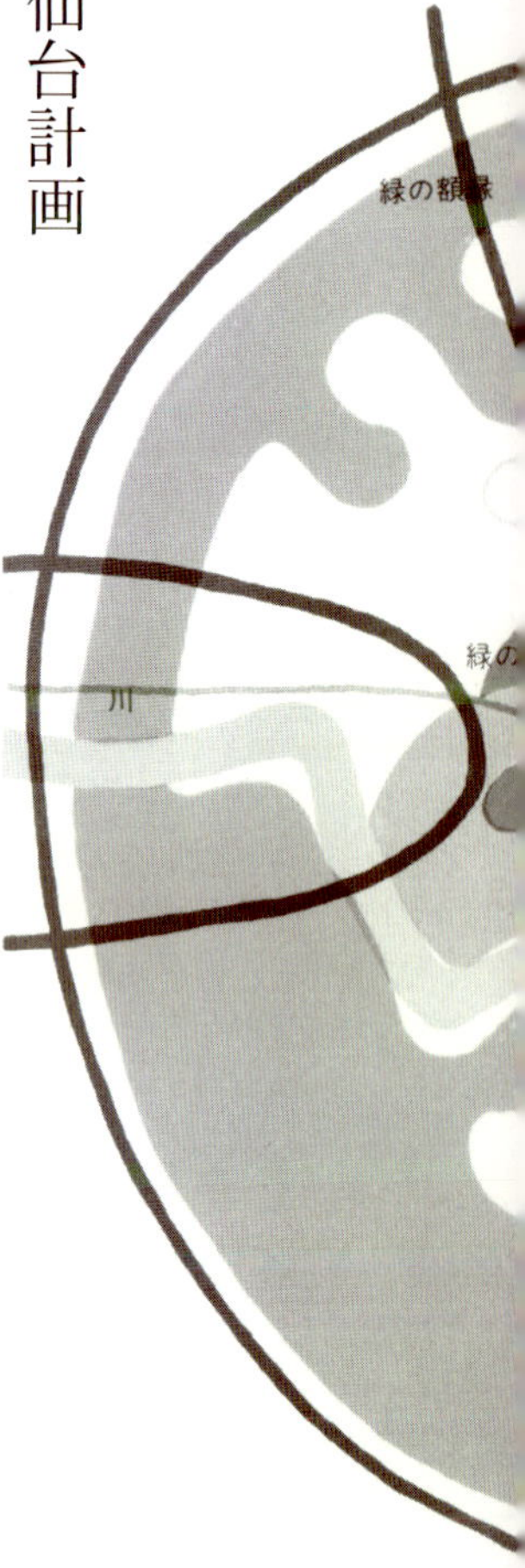

仙台の組み立て〈構想〉1973年

やはり愛です

地域の問題は、とにかく人の問題が根本、
理論よりも組織よりも、
土地を愛する一人の人間が現れること、
あるいはそういう人を育て、発見し、
盛り上げていくことが肝心だ。
やはり愛です
愛がなければ
都市は良くなりません。

〈建築文化〉一九八一年

ベントのピッケルを持つ吉阪の手

落書きの塔

今、人間は何をいちばん求めているのかを語り、これを具象的に示すことだ。能率中心の考えからすれば、むだだということかも知れない。どこまでもどこまでも広がってしまった世界では、何かのよりどころということかも知れない。生きているのだという象徴が欲しいのだ。どれもこれも互換性のある部品化してしまった世界に、それでも私はここにいると示したいのだ。

生と死の間、私はここにいることを示すことだ。

茶の湯などが考え出されたそのようなものを現代に適合した形で欲しいのだ。スポーツなどはそれに近いかも知れない。

すでに何年か前に、私は町や村の中にできるだけ広い空地をとることを提案した。そこへ今サーカスなどがやっているように、いろんな興業や、催事や、あるいは市場が巡回してくるようにするのだ。だがそれだけではおもしろくない。その広場にそれぞれシンボル塔をつくるのだ。とくに何の役に立つというのでなくてよい。カーニバルの英雄の像をつくるのだ。上ったり下りたりする階段だけの塔でもよい。トーテムのようなものだ。皆が何かつけ加えていってもよい。異様なギミックをつくることだ。生命移入をした作品を皆でつくるのだ。

規格化、標準化、平均化した世界にせめてひとつだけ反抗する場をつくることだ。落書きの塔にうんと金をかけることだ。そこから一文も収益のないことをやらなければならない。「存在」を確かめ得るように。

人間感情の事実を、伝達する場をつくることだ。
それをシンボル化することだ。
もう能率化などという十九世紀的な流れから脱皮しよう。
人間解放のために。

〈新建築〉一九六七年

水取山

自然はここに年間三〇〇〇ミリの水を与えてくれている。
一〇〇〇ミリが蒸発しても二〇〇〇ミリ残る。
水は地下ばかりでなく大気の中にもあるのだ。
この大気の中の水をつかまえる三葉虫、
生物が生きはじめた初源をつくろう。
村ごとに競ってデッカイ奴を作るがよい。その村がまず栄えるだろう。
これは聖なる仕事だ。全員でかかれ。
難しい工事じゃない。何千年前の人たちの知恵なのだ。
頭の山は湿気を、ひろげた両翼は降る雨をとらえて池にためる。
山上にためた水は、村まで下る間に発電もできる。灌漑にも使える。
だが池の形がかわったら、水を節約すべき時と思え。

〈大島復興計画　第一次報告書〉一九六五年

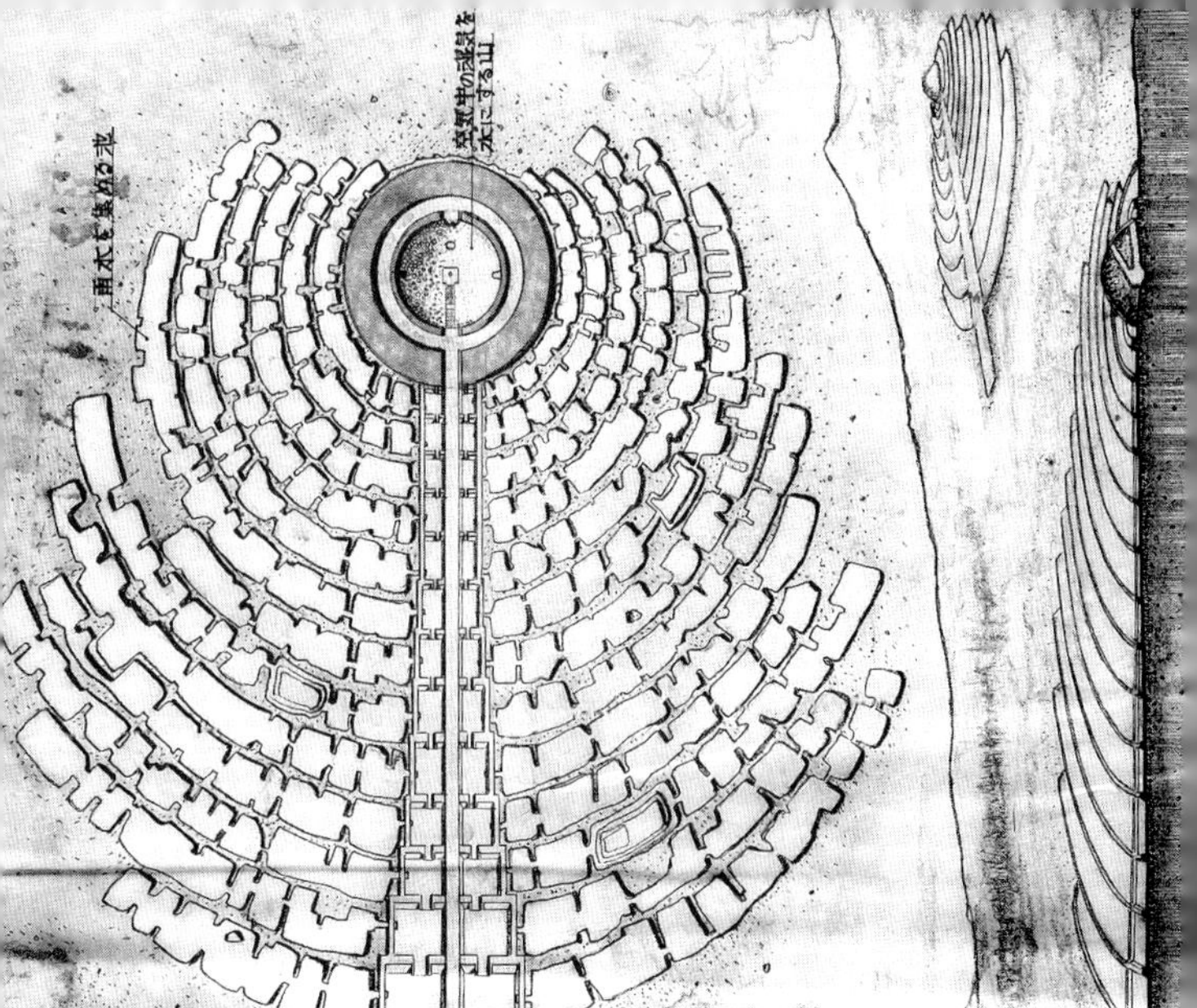

空気中の湿気を水にする山
雨水を集める池
貯水池
平面
立面
断面

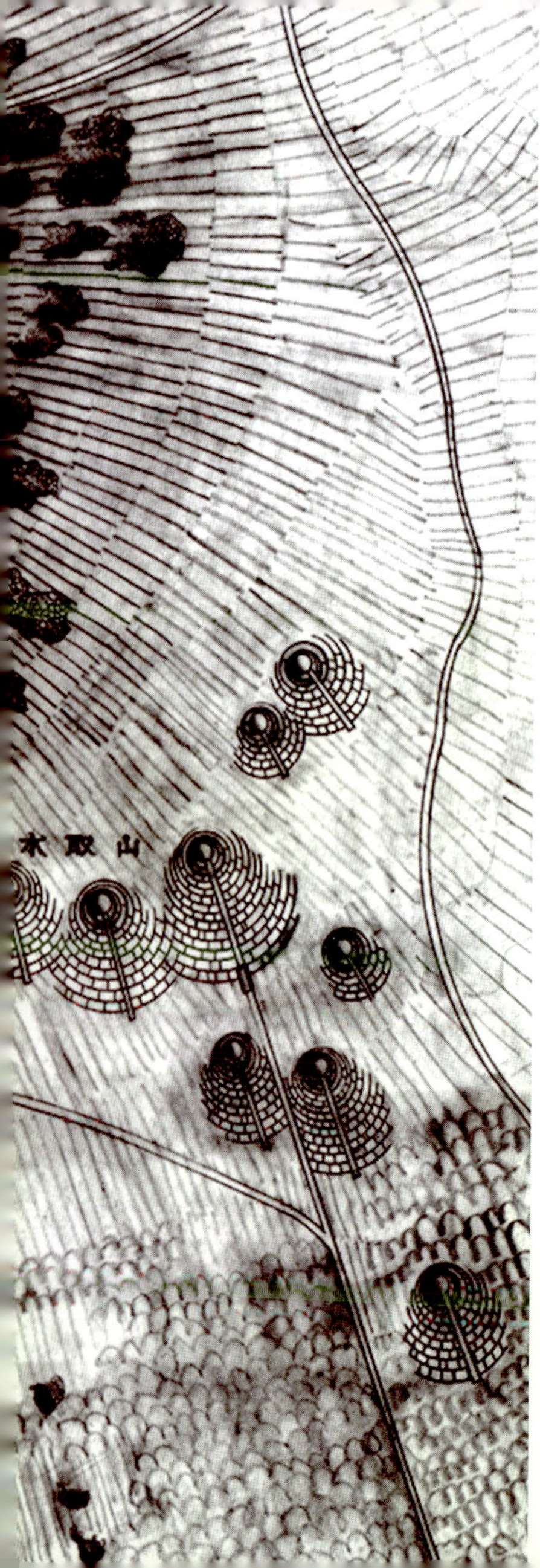

水取山

一月十一日の夜の大火のあと区画整理事業を都でとりあげたのを機に、元町が発展できるような姿にするためのいろいろな提案と同時に、大島の水不足を解決するための水取山を三原山の砂漠地帯につくることを案としてまとめた。

「有形学」を考えた動機は人類が平和に暮らせるようにとの願いだ

〈生活とかたち〉一九八〇年

有形学（lukeiology, lu あらしめる ,kei 形としよう）は正にそこに足がかりと見通しを与えるために、人間対環境の相互関係の中に生じる現象の法則を求め、その表現における文法を確立しようというものだ。しかし考えてみると、この学問の存在には出発点に矛盾があるかもしれない。創造するということは前にないことやものを生み出すことだ。それが予め見通しが立つようなら既に創造ではなくなるということ。だからあるいは物の怪におびえて槍一筋で風車に向うドン・キホーテのようなことになるのかも知れない。しかし何もわからない今では、それを試みるより他に手はあるまい。

〈国際建築〉一九六四年

情け無用なのだ

さまざまなシステムの網目がいっぱい張りめぐらされていて、それにのっかって生活が成り立っている。そのシステムがほとんど人工的につくられたものだし、人工的に維持されているものだ。あらゆる計画がそれを前提に進められている。そのために豊かさを満喫しているのだが、それを維持するために消費している何かがあるにちがいない。それが切れた時、一切は止まる。止まった時、人びとは生きる方法を見失って亡びるだろう。

原子力の廃棄物を、どう始末するのだ。

自然界はもっともっと厳しい、
人間にいわせると厳しい世界なのだ。情無用なのだ。
その中へ友愛などを持ち込もうというのだから、
これこそ人間が人工的につくれる最大の難事かもしれない。

〈新建築〉一九七六年

平和

世界平和を祈ること今日より切なるはあるまい。ということは、それだけ世界は危機にさらされているということなのだ。一体その危機はどこにあるのだろうか。それを解除させる方法はないものだろうか。私はそのために何をなし得るだろうか。

これらの問いが私を今日まで導いて来た。私が建築を自分の専門に選んだ一つの理由もそこにあった。人々が相争うのは、お互いに相手を理解し信じ合えないからだと思え、理解させ信じさせるには実証するのが一番確かで早道だ。建築はその国の、その時代の感情と知性と、即ち芸術と科学とを、物質を通じて一つの体系にまとめたものだと思い、国々のそれを、各人のそれを、かくかくと説明し感得させることによって理解と信頼のたすけとなるであろうと考えた。

悲しい哉、私自身応召出征という憂き目を見なければならなかった。一体人類の生活は平和の中を戦争が乱すのか、或いは戦争状態の中に時々平和が訪れるのであろうかとさえ疑わずに居られない。

もし後者であるならば、私の選んだ途ではまだ不十分であった。和解することを本性とするのでなかったら、何の役にも立たないどころか、却って対立をはげしくするだけだから。そしてどうも後者らしく思える。それならば、何故に戦争をし、何のために平和を求めるかを反省し、そこから出発しなくてはならないと考える。私達はそれを忘れていたのではないか。私達は余りにも多い、余りにも分化したいろいろな手段に幻惑されて本来の目的を忘れているのではないか。

その所をはっきりとさせて、私達は何をなすべきかへの回答を求めたい。高遠な理想に於てではなく、日常的な場の中で、誰にでも、何時でもできる生活の中で。住居を私はその中核と考える。しかし住居学をそこまで高めてしまうのは僭越かも知れないが。

〈住居学汎論〉一九五〇年

原子力を自由になし得る今日の人間は
造物主の力をわがものとしたかも知れない。
だが、果たして造物主の知慧をわがものとしただろうか。

〈環境と造形〉一九五五年

DIS-

DOKO DEMO

ITU DEMO

SOREZORE GA

TEIAN SIYOO!

NANDEMO

OMOIKITTE

CONNA KOTO DEMO

CONT

Ⅳ　DISCONT：不連続統一体

07
曖昧

不連続統一体

この名称が妥当なものかどうかは、よく知らない。「絶対矛盾的自己同一」といった言葉のもつひびきがこの名称の中にも呀するのが、何となく気に入ったのであろう。いやむしろこの名称、わかったようなわからないようなこの名称が生まれたことで、私たちはそれまで、はっきりしなかった自分たちの構想が、はっきりしたような錯覚を感じ、自分で感激していたのだといった方がよいかも知れない。

言葉がつくり出された時、皆は理論が体系立てられたように感じた。だがもともとまだ主観的にそれらしいという直感が働いただけであったから、各人各様の解釈が行われていたに違いない。それでも、その言葉の生まれた当初は、皆意見が一致したような錯覚に包まれていた。

〈今和次郎先生古希記念文集〉一九五八年

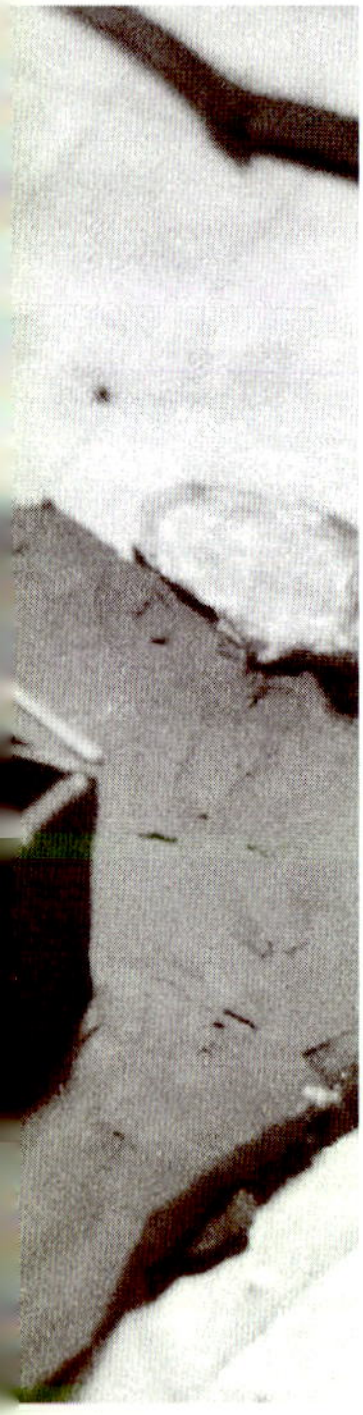

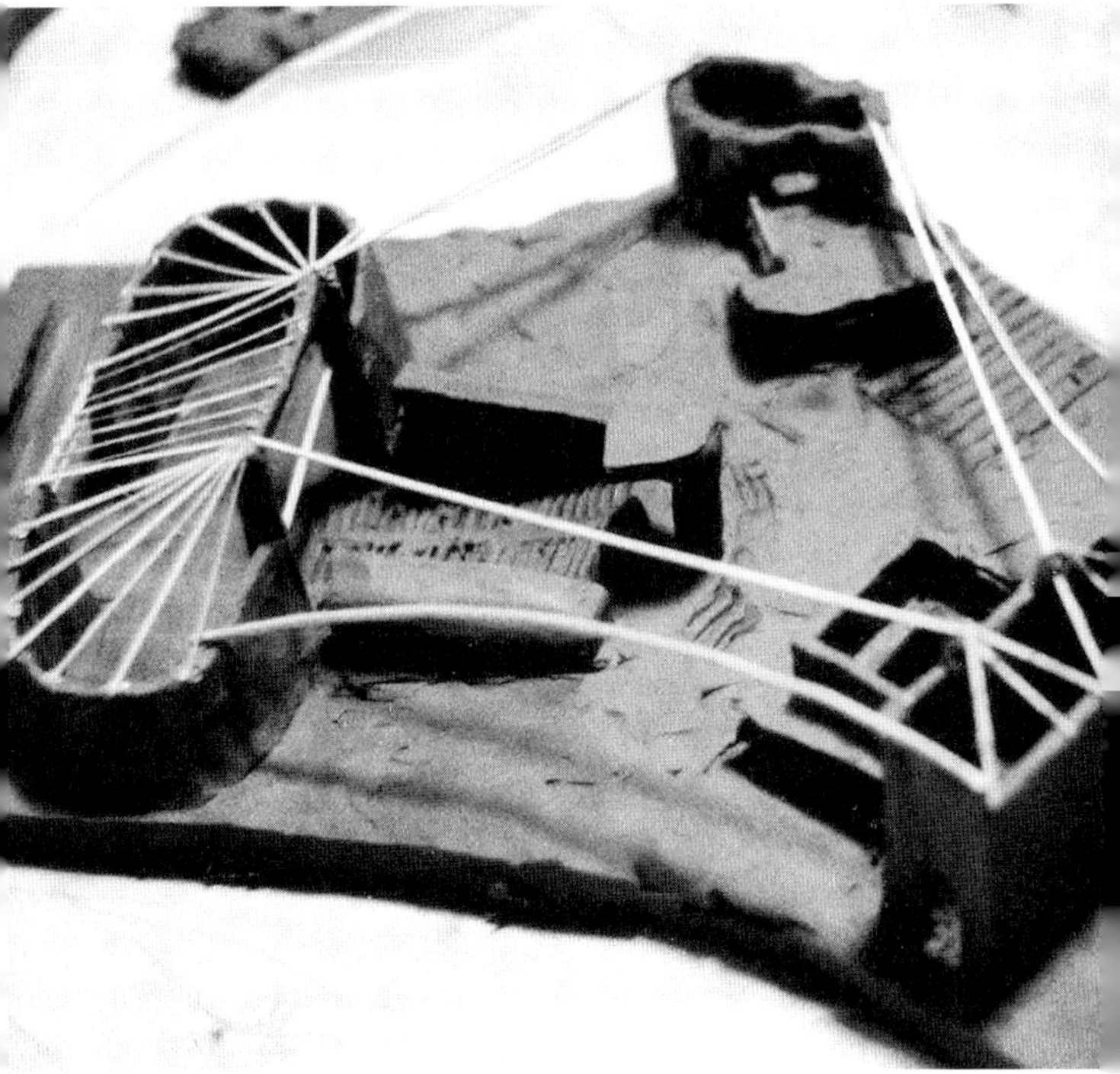

コンゴ・レオポルドビル文化センター計画　エスキース油土模型

不連続体統一の理論は、それ自身完結した要素（不連続体）が一定の結びつきをなすことによって、有機的につながり、全体としての統一（例えば、細胞が一定の結合方式をとることによって、一定の有機体を構成すること、或いは原子の一定の結合が一定の物質をつくること、或いは、天体の運行に観られる一見不連続である物体が関係しながら作り出している動的な秩序）のある宇宙空間の成り立ちを反映したものであり、それを住空間の新しい秩序づけに適用せんとして、生まれた考えである。

〈早大理工学研究所報告第一二〉一九五九年

大ではなく、小でもなく、中を探しているのだろうが、中のなかでそれぞれの小が自由でありたいと願い、中はまた中で自由ながら大にまとまるという世界は、私にいわせれば不連続な統一体ということになる。一本に統一された秩序でもなく、多様なバラバラの混沌にも陥らない世界だ。

〈住生活と地域社会〉一九七八年

この世をより住みやすくしたいと
努力している小さなグループの
弱い力だが真剣にもがいている者たちを
何とか結集してもっと実り多い
力のあるものにしたいということだ。
大資本への集中、大都市への集中から
生じる具合悪さへの循環を
断つための何かが必要だ。
それを探すため私は再びこの
DIS-CONT の言葉に救いを求める。

一九六三年

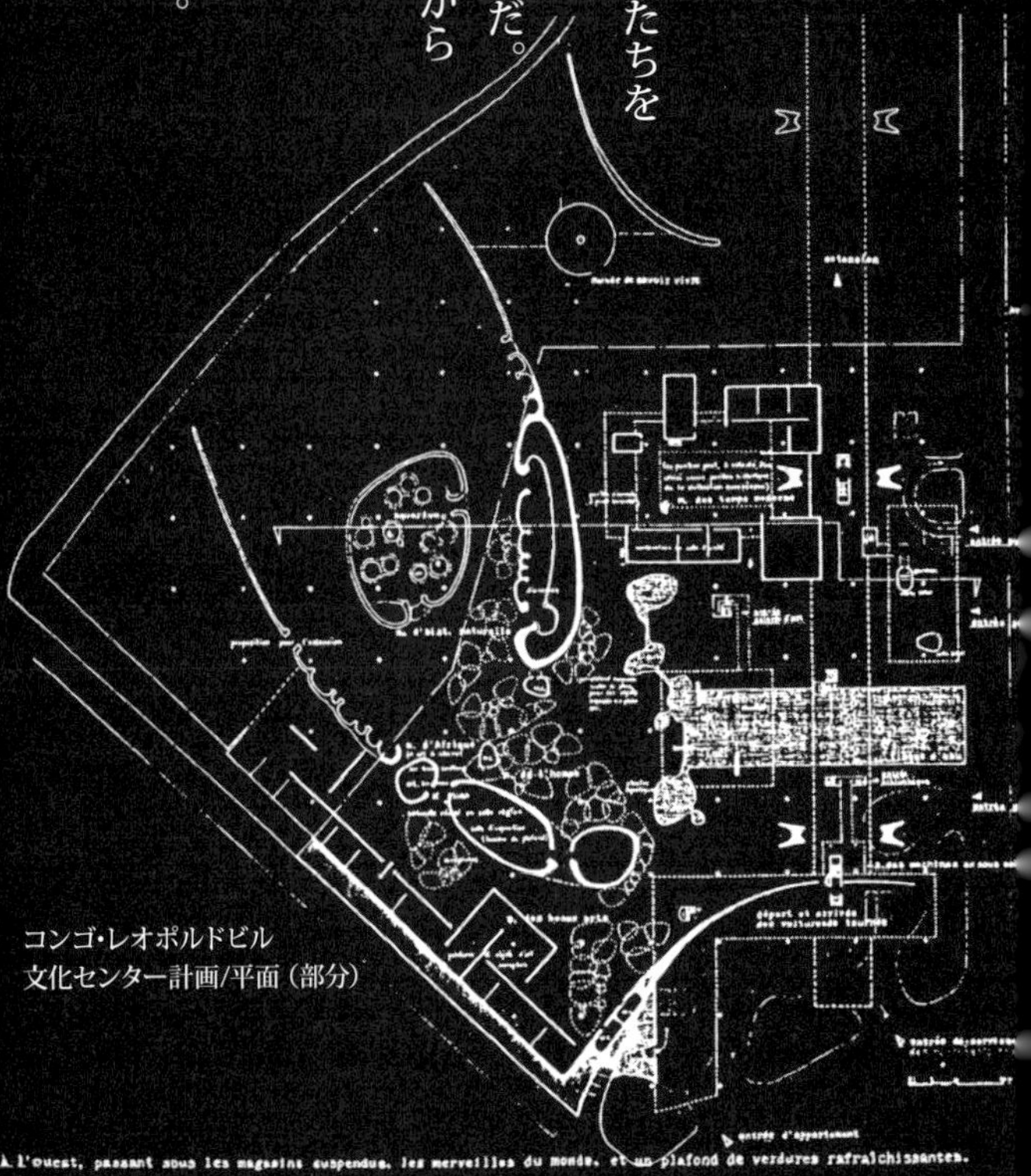

コンゴ・レオポルドビル
文化センター計画/平面（部分）

集めることと弘めること

集めることと弘めること

独立を損わずに統一を与えること

停滞に陥らない安定性
不安に導かれない可動性

ベルギー領コンゴ・レオポルドビル文化センター

これは当時ベルギー領であったコンゴのレオポルドビル文化センターの競技設計に入賞したものである。

ここでは自然や文化の各種資料や遺産を蒐集し、研究整理して展示解説をするとともに巡回して遠隔地の人々とつながりをもつ、また、各地から集まってくる人びとは、ここでの催しに参加して、各自それぞれに知恵や思想を得て持ち帰るといったことがなされる。

この集めることと弘めることとは、建築的にその平面にも姿にも表現されている。

〈建築〉一九六一年

近代のかなりの部分は、なるほど考え方も技術も、西欧が生み育てたものを源として成り立っている。　しかし人生の全部をそれで割り切るにはまだ不十分だ。他のみちを経て育つた生活の智慧の前に矛盾を露呈した。西欧文明の一方的進出はこゝで抵抗を感じたのである。

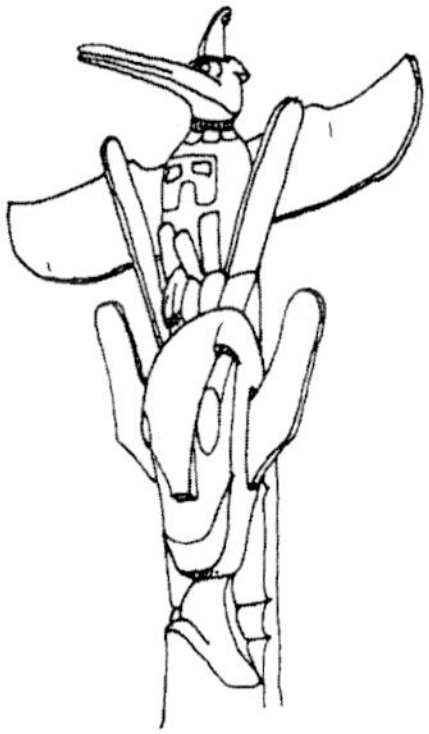

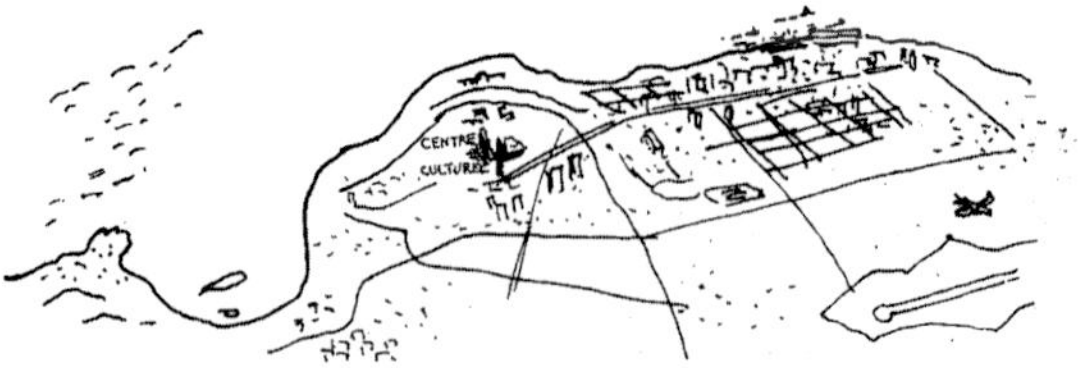

悪くすれば、押付けと反駁とになりかねない世界の勢力均衡の争いの前に、これを協調に導く方法を見出さねばならない。このことは一國内またはもつと小さな集團の中での問題でもあるのだ。
文化センターの誕生は、そこで何らかの役割を分担し、いくばくか、平和への寄与ができるものと信じる。

cherche une solution pour devenir un, participons y.

意義ある行為は常に世界の声に答える

コンゴー文化センター　その意義と課題

この施設の内容、そこで行われる活動は、單にコンゴーやレオの問題というより、遥かに廣い一般的な命題を内包している。

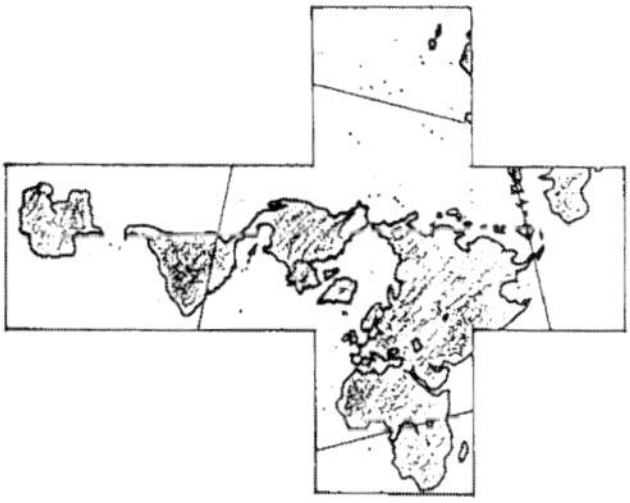

最近2-3世紀の間、一方的に独走していたといつてよい西欧文明が、いよいよ人類全体の課題としてとり上げられ、反省、止揚されなければならない段階に来た。　　それは非西欧世界で先ず感じられ、西欧自体でも氣がつき出している。

le point de départ : il faut savoir où jeter la pierre ; le monde

キレギレの時間とバラバラな空間

小さいまとまりをつくりながら、大きいネットワークをつくって行く。

そして、この両者をつなぐ第三の場というものができないと、本来の意味で、一人一人の人生の時間を大切にするようなまちになっていかないような気がします。

バラバラな空間と、切りとられた時間の組み合わせの中で生きているような世界から、自分自身の時間を大切にしていく、そして誰でもそれができるような体制にしていくことが重要だと考えます。

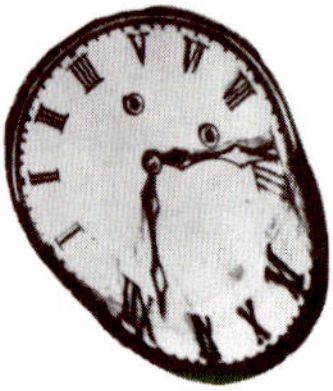

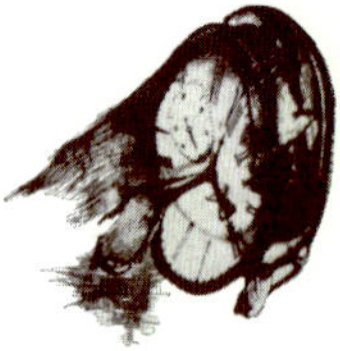

〈首都圏総合計画研究所主催第一回研究講演会〉一九七四年

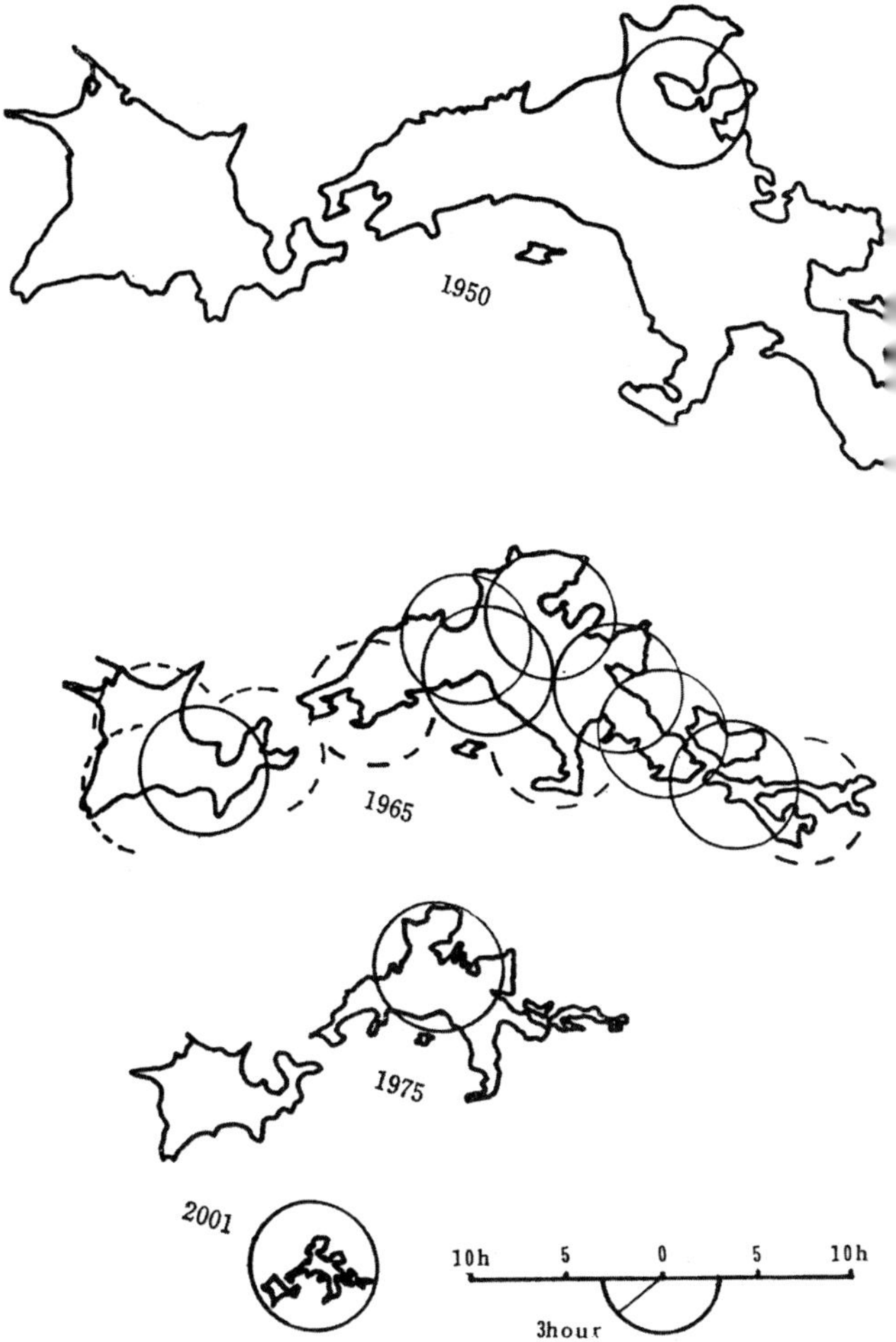

小さくなる日本列島

硬い殻 軟らかい殻

都会人はひとなつっこくすぐ友達になる。
だがしばらく離れていると忘れられる。
田舎の人ははじめとっつきが悪い。
時間をかけて友達になると、終生のつき合いとなる。
この、人のつき合い方が、
集団の性格をきめるのではないか。

硬い殻同士が接触したとき、これはたちまち火花を散らし易い。逆襲圏にすぐふれ易いからである。だがいったん両者の間に和睦が成立すれば、これが知己圏として一体となる可能性を持つ。

軟らかい殻の方はこれと逆であって、二つの殻が互いにふれ合ってもすぐには喧嘩にならない。だが結ばれることも珍しい。何か別な要因、例えば契約のようなもので間をつながなければならないが、これはいつでも破棄可能だ。

〈建築〉一九六九

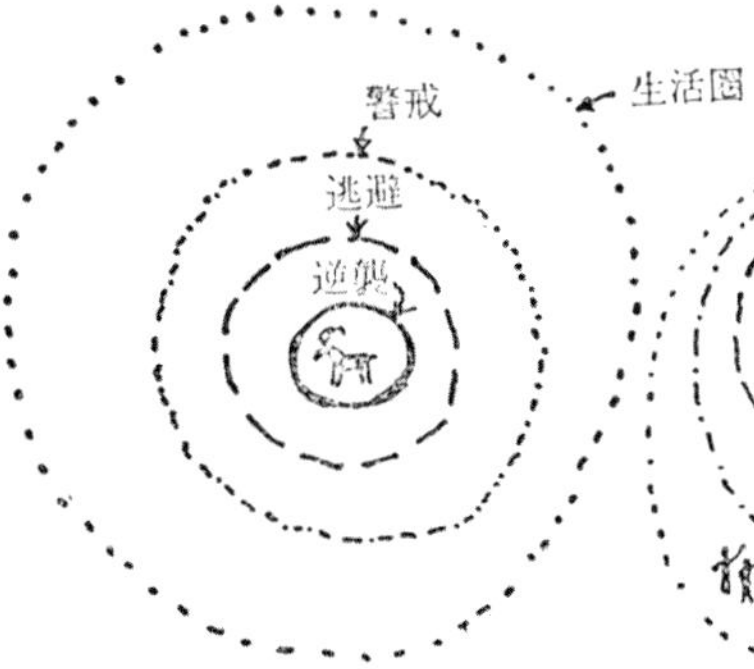

外敵への対処の仕方の四つの圏域

愛情の度合の四つの圏域

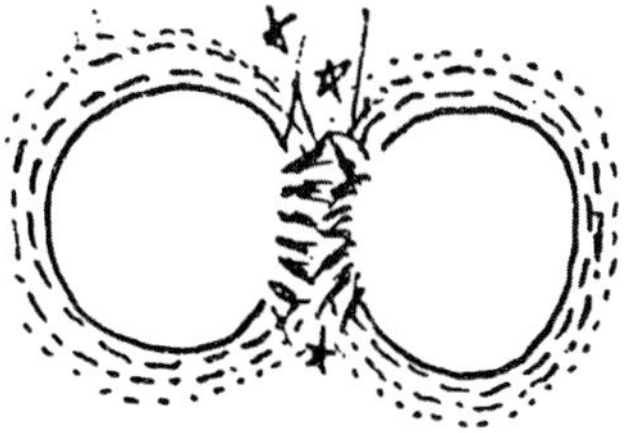

硬い殻はすぐぶつかるが
一旦つながるると離れにくい

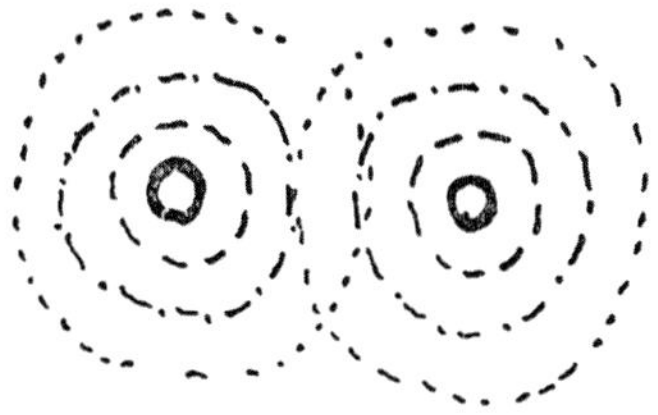

軟らかい殻は他との接触は早いが
なかなか知己のつながりにならない

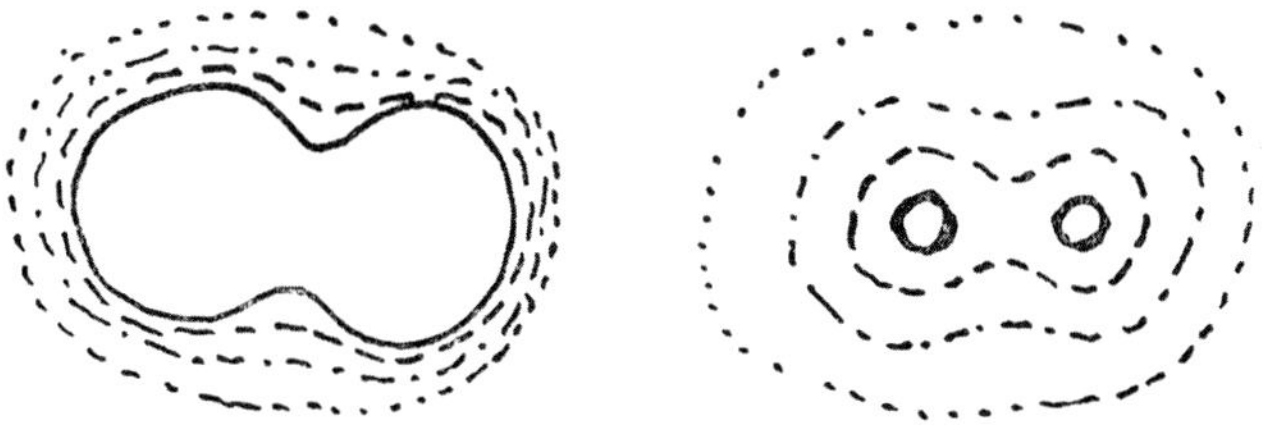

硬い殻と軟らかい殻

「もぐる」か「ひっぱる」か

不適合な環境に対する二つの反応、
ふとんからはみ出て寝ている人が、
寒いと思った時に、
自ら動いてふとんのなかにもぐるか、
ふとんをひっぱってかぶるかの差だ。

〈生活とかたち〉一九六〇年

加え算と引き算

加え算の時にはゼロから出発する。それに対し、引き算の時には極端にいえば∞から出発する。前者が無から有へ、後者は有から無へ。しかしこの操作は、たとえば碁石の山から石を一つずつとり出して勘定する時のことを考えてみると、同時的におこなわれている。山から一つを取り出すことは全体から部分を削りとる引き算であるが、これを数えて右なり左なりに置いた時、それは無のところに有を生ぜしめる加え算である。

これは心理学のテストに黒と白でできたパターンを認識する時に、黒の形を見たり、白の形を見たりするのに似ている。

建築における空間の認識もまたこれに似て、加え算的には物質そのものの容量をとらえ、引き算的には残された空間をとらえるという、この両者の間を往復しながら掴まえているといってよかろう。この両者がどのようにに呼応するか、融け合うか反発するかなどは、見る者それぞれの経験の中で評価がなされるであろう。

〈住宅問題講座6住居のデザイン〉一九六八年

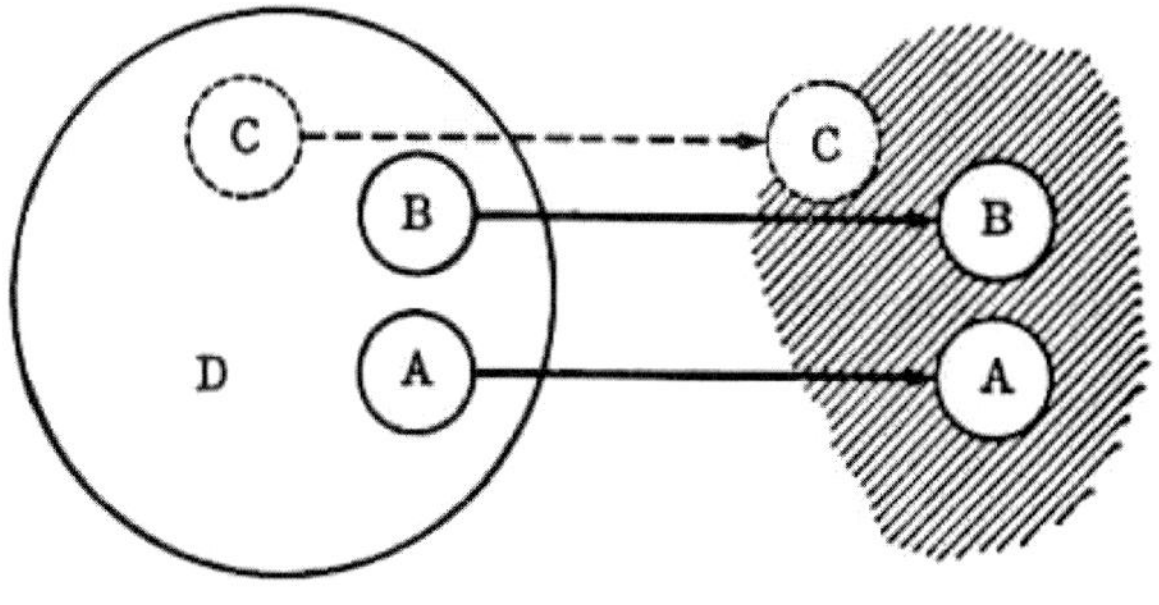

引き算　と　加え算

女と男

人生のいちばんの謎、男と女の関係

人間関係の立体模型

「人生のいちばんの謎、男と女の関係」と説明されているこの図は、むしろ男・女と真・善・美を各頂点とする六面体の、各稜線の中点に次の段階の図形と単語を割り振るほうが理解しやすい。男と女は、個人—一、夫婦—二、親子—三という三つの数字に置き換えられ、それぞれ両極の男と女から放射して六面体の各稜線を構成する。

〈現代デザイン講座〉一九七一年

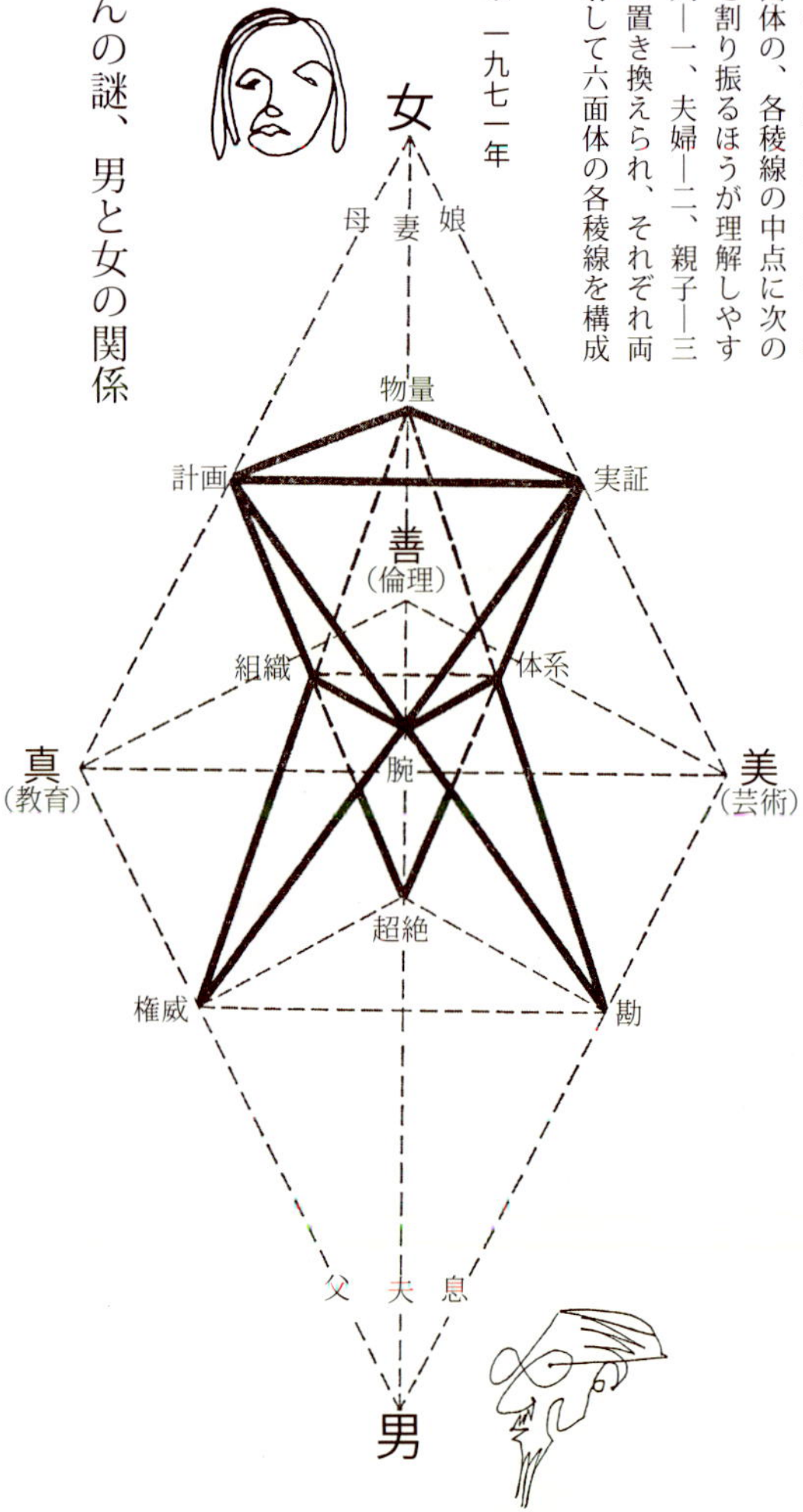

1＋1＝1

二つのみちはまったく反対側を歩いている。
一方はかたちがさきで中身はこれにおし込まれる。
他方は中身がさきでかたちはこれを包むだけだ。
その間に歩みよりはなにもない。
この不連続な二つのみち。
これを一つにまとめる作業こそ
設計というものではないのだろうか。

前者は人間の感性に訴える。後者はひとびとの理性に訴える。義理と人情ではないが、いわば女性と男性との和合が人生の理想であるように、感性と理性の融合まで二人が努力しあうことが必要なのだろう。それには相当な時間がかかる。いろいろの試みをしてぜひを判定してゆかねばならぬ。結果は至極単純である、二つが一つになってしまったのだから。

二を一にする生みの苦しみ。
これを多くのひとびとはさとらない。それはかくれているから。
1＋1＝1この方程式をとくことが設計なのだ。
ときにはΣ1＝1となるのだ。

〈今日の建築〉一九六〇年

もう一つ別の

もし右か左か、といった対立としてあらわれた場合には、
そのいずれかというのではなく、
「もう一つ別の」というものを求めたいのである。人びとがバラ色に酔えば、
悲観的見通しを述べ、人びとが憂鬱に沈んでいれば希望を唱え、
その両者が喧々論じていれば、表裏に過ぎないと見たてたくなるのである。

〈新建築〉一九七〇年

08 矛盾

どんでんがえし

北を上にした日本列島の描かれ方を常識として眺めていると、人間は潜在的に重力の重さの働きを感じ、メガロポリスの東海道に人が集中して溜まるのを当然と考えてしまう。私たちは、そのことから生じる不具合を感じ、その常識を疑って見なおしをしてもらうために、日本海を手前に、太平洋を上にして、水平線の彼方から日の出を見る地図にして眺めた。こうすると東海道、瀬戸内、北九州に荷がかかり過ぎ、東北、北海道が軽すぎて不安定さを感じる。そこで目方の重い首部をこちらに移すことで、まず少しばかり平衡が取り戻せまいかと考えた。

〈生活とかたち〉一九八〇年

①一点充血・東京が下にあるためか？
過疎過密時代（1960 年代）

②充血が太平洋メガロポリスに及んで
日本列島に逆転が起こる。
メガロポリス最盛時代（1970 ～ 80 年代）

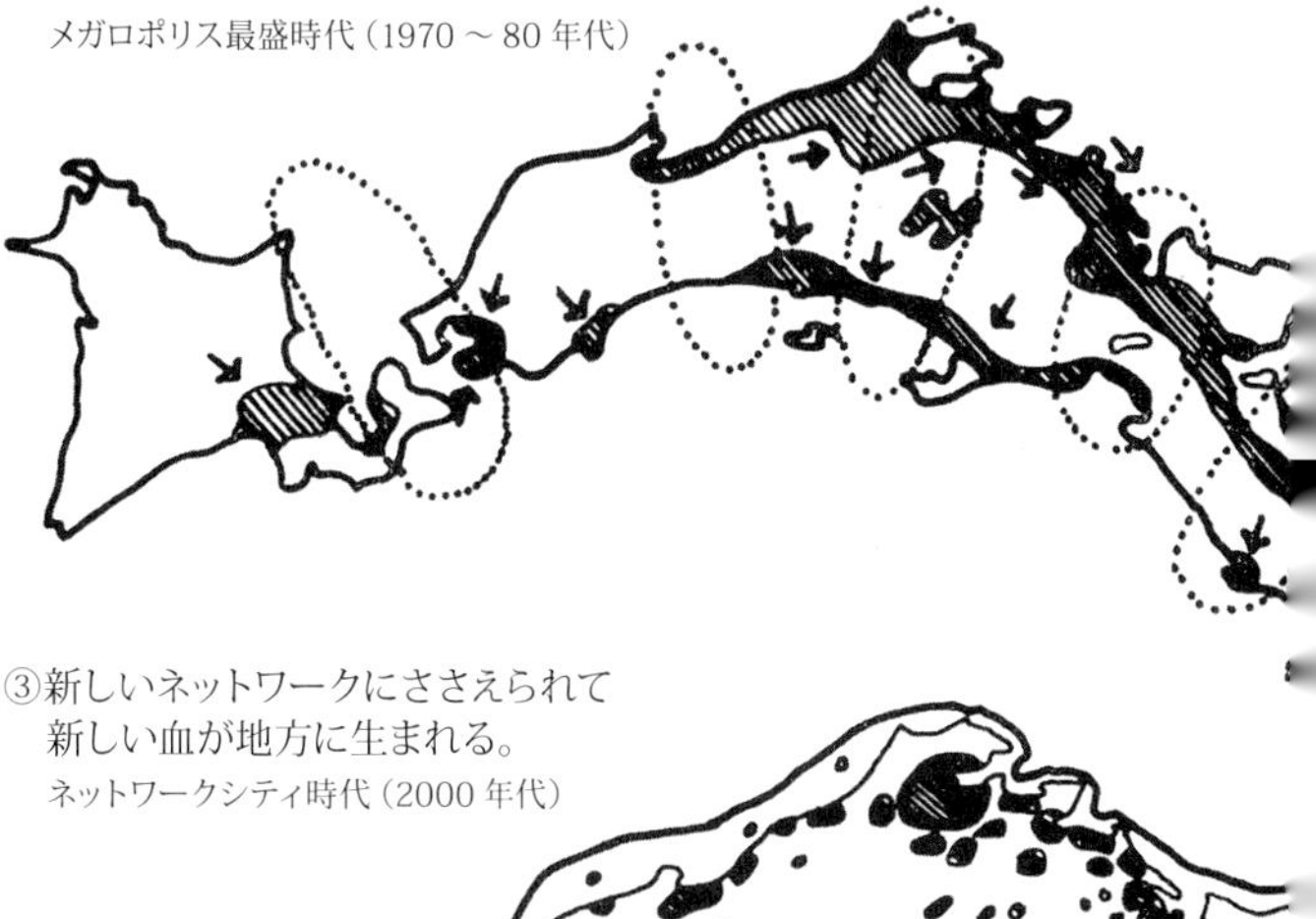

③新しいネットワークにささえられて
新しい血が地方に生まれる。
ネットワークシティ時代（2000 年代）

変わる日本列島 1970年

世界平和を達成するためには、
お互いが大変違った生活、
あるいは価値観の違いというようなものを
持っているのだけれども、
それをお互いに理解しあうことから
始めなければならない。

〈かんそうなめくじ　生ひ立ちの記〉　一九八二年

逆さ地図

見慣れた日本列島の地図を単に逆さにしただけなのに、まったく別のものと見えてしまう。

道南と津軽の東を上にして切り取ったものなど、バリエーションもある。「逆さ」にするのは、単に図の天地だけではなく、それによって発想も「逆転」することを期待している。

〈二十一世紀の日本・ピラミッドから網の目へ〉
一九七二年

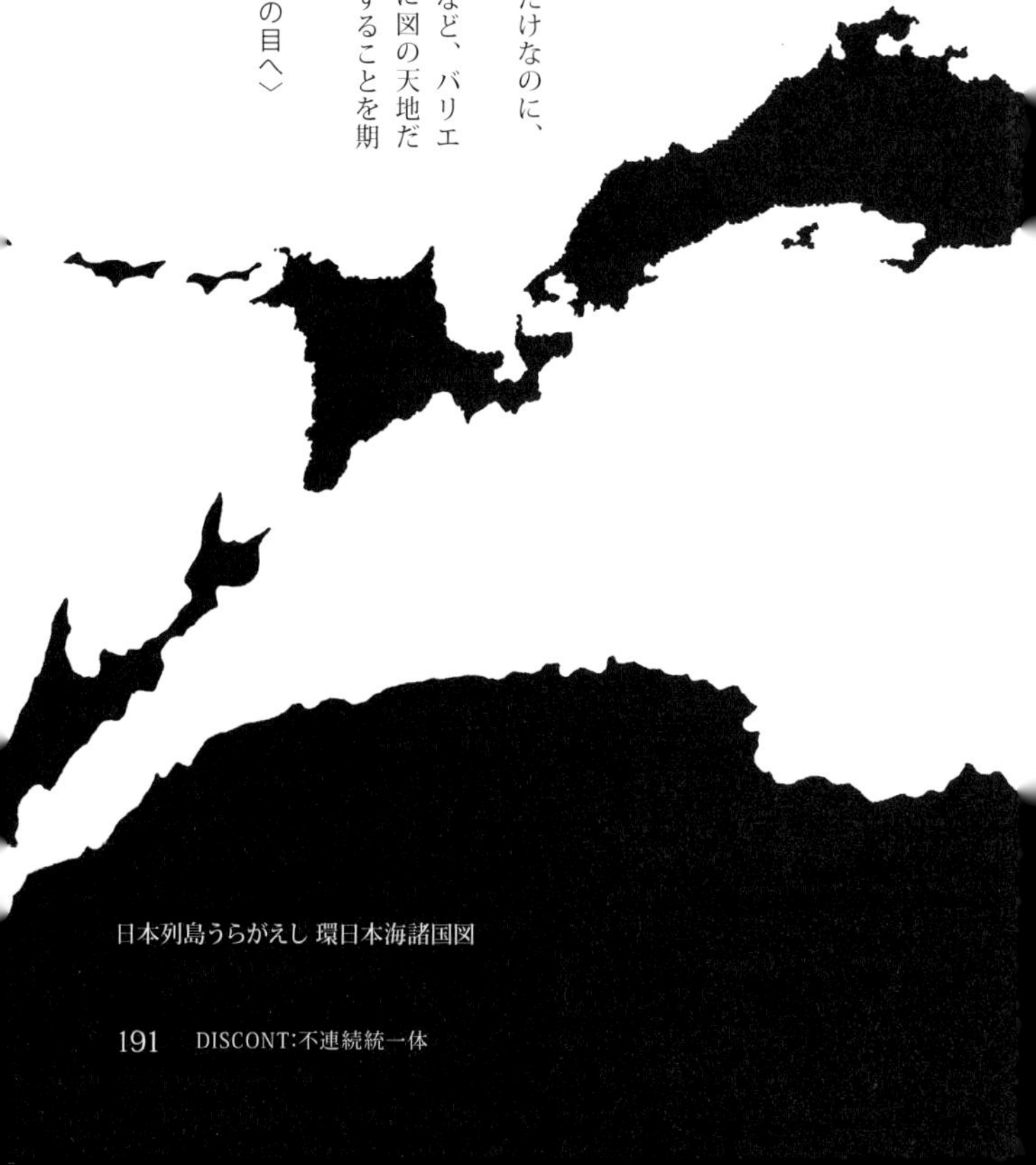

日本列島うらがえし 環日本海諸国図

海洋世界地図

もしも、国連が、本当に、世界平和のため、人類の中から惨めさ、不正などをなくすための機関だとすれば、どこかの地点に固定していることをやめるべきだ。さもないと物質界の闘争の具に陥る。

そこで思い当たるのが、キリストがガリラヤの湖で舟から説教したことである。陸にいては集まった人々の間に埋没してしまうが、水の上から説いたので、多くの人々は感銘したということだ。そこで世界を海洋から見ることを考えた。海の世界地図をつくってみたのだ。（略）

今、平等に見るにふさわしい所は南極である。風土の厳しさが人間をもう一度素直にさせている。さて海洋の中心に南極がある。南極から見れば，太平洋も大西洋もインド洋も別れ別れではない。こうした地理的、空間的位置というものは、人間の考え方に大きく作用するものである。世界を一つとみるためには、こういう空間にいなければならない。どの大陸からも離れているから、さらにどこの偏見の作用も受けない。

〈生活とかたち〉一九八〇年

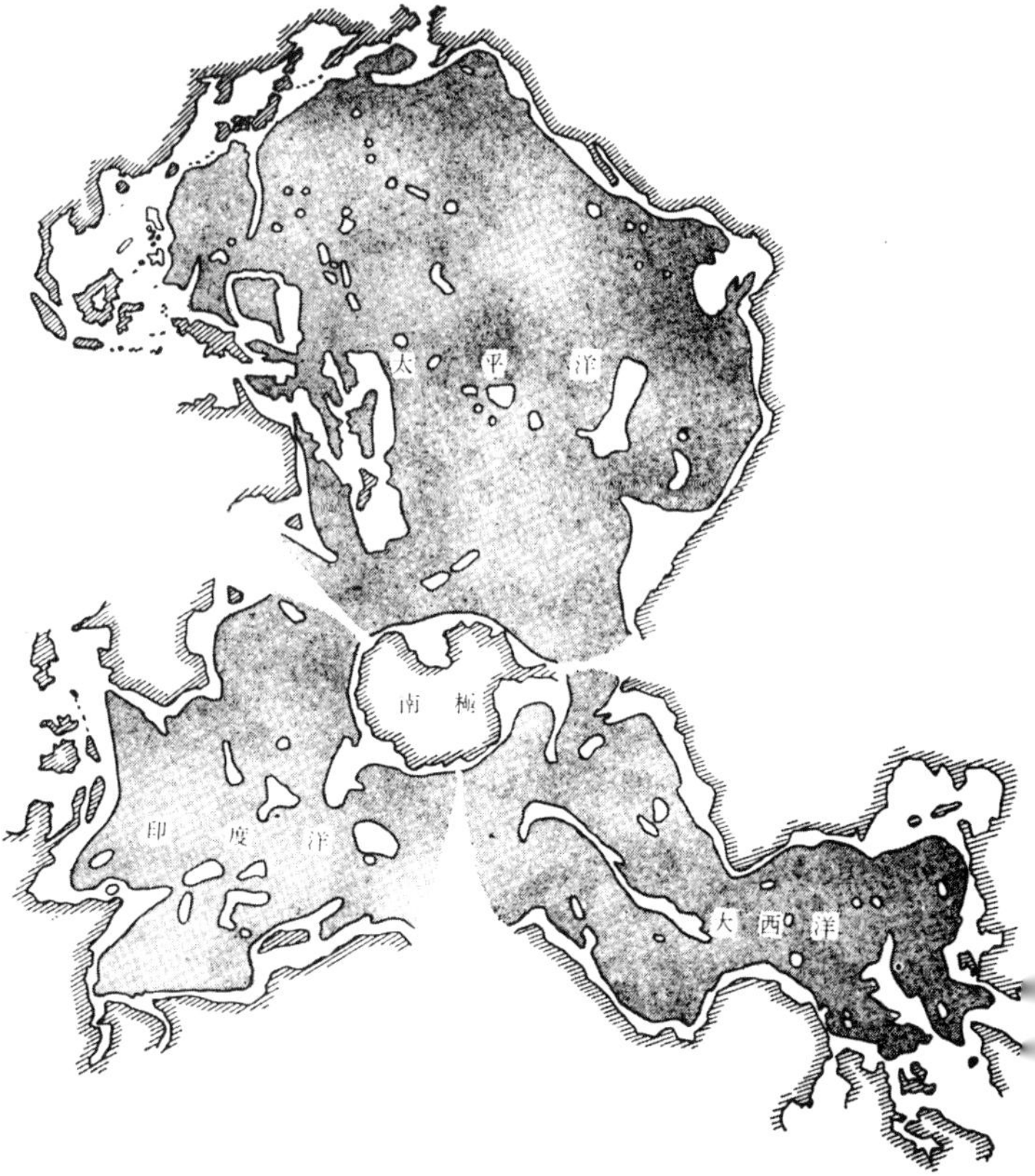

海洋世界地図「国連移転論」1966年

逆格差論

〝あなた方は貧しいのです〟という所得格差論の本質とは、実は農村から都市への安価な工業労働力転出論であり、中央から地方への産業公害輸出論であり、地方自然資源破壊論であったと見ることができよう。

今、多くの農業、漁業（またこれらが本来可能な）地域の将来にとって必要なことは、経済的格差だけを見ることではなく、それをふまえた上で、むしろ地域住民の生命や生活、文化を支えてきた美しい自然、豊かな生産のもつ、都市への逆・格差をはっきりと認識し、それを基本とした豊かな生活を、自立的に建設して行くことではないだろうか。その時はじめて、都市も息を吹き返すことになるであろう。

まさに、農村漁業や地場産業の正しい発展は、人類の使命と言うべきであろう。

〈名護市総合計画・基本構想〉地井昭夫（ちい・あきお）一九七三年

計画とは、現実のあらゆる差別、格差に対する
未来への理性的、人間的戦いである。

建物がひとつもないから最高点をつけた

今年大学を卒業した松崎君は卒業計画で「動くコミュニティ・センター」というのを描いた。地域社会と連帯社会という二つの矛盾した世界に住んでいる私たちの生活に、この両者を満足させるようなシステムを考え出そうというのが、ねらいであった。卒業計画として「建物が一つもないではないか」という批評がつけられて、最低点をつけた先生もおられた。私は建物が一つもないから最高点をつけた。

〈建築文化〉一九五七年

かつての施設は、地域住民と密接に結びつき、地域住民の利益福祉のためにつくられていた。いまや人々は、どこの地域という束縛から離れた。施設だけが地域と結びついていたのでは、おかしいではないか。

施設もまた、流動性に順応しなければならないと考える。（略）古い昔にも、流動性を持ったものがあった。縁日の露店、朝市、富山の薬売り、サーカスなど多くの例があり、それらは、今日の先駆的役割を果たしてきた。

施設もまた、流動することで、活動内容が広くゆきわたるし、場所をかえることで、内容も豊富になるのである。

このような状況下での住居集団の施設として、移動コミュニティー・センターというのを、私の研究室の松崎義徳君が提案している。別名は、移動巡回施設であって、物資にしても、文化活動にしても、都市の中で、あるいは都市の一群の中で、ピラミッド状を形成しない社会を想定し、できるだけ均等に恩恵を与えようと考えたものである。

〈開発研究〉一九六六年

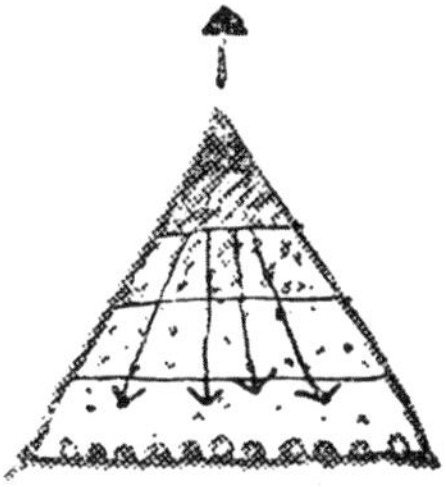

Pyramid

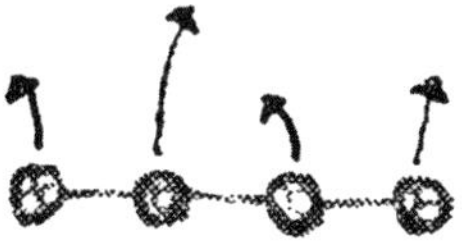

Alignment

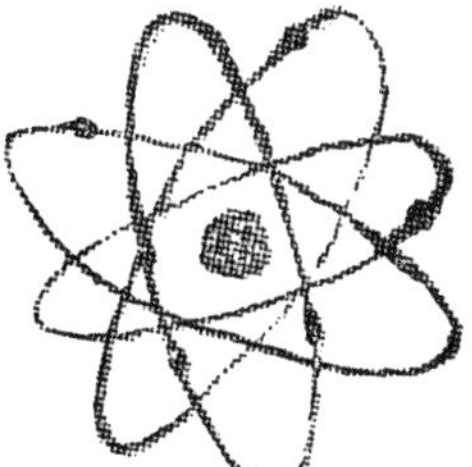

Discontinuous unity

「建築家」はいらない

こう考えてみると従来の「建築家」などというものはいらないことになる。否、更にいうなら「建築家」などと称する者がいるから世の中はいつまでも改革できないのだとさえいえる。かつての建築家は、床も、内と外の壁も、天井も、屋根も、一つの統一体として考えて構想を練っていた。石や、木などを使い、閉鎖された固定した社会でもそれも一つの統合体として必要であった。今や分裂をきわめ変動がはげしく、永久建築などをつくってたら、それこそどうにもならないものをつくるわけだ。その中でなお安定し変化に応じていつでも順応できる生活を営むためには、建築家などいないほうがよい。

〈建築文化〉一九五七年

矛盾する原理を意に介さない

矛盾の中に生きて、その矛盾の克服を求めることが、
案外人生なのかも知れない

〈アルプスの村と街〉一九七三年

これくふて茶のめ
仙厓

昼と夜、生と死は人間と時の基本的関係である

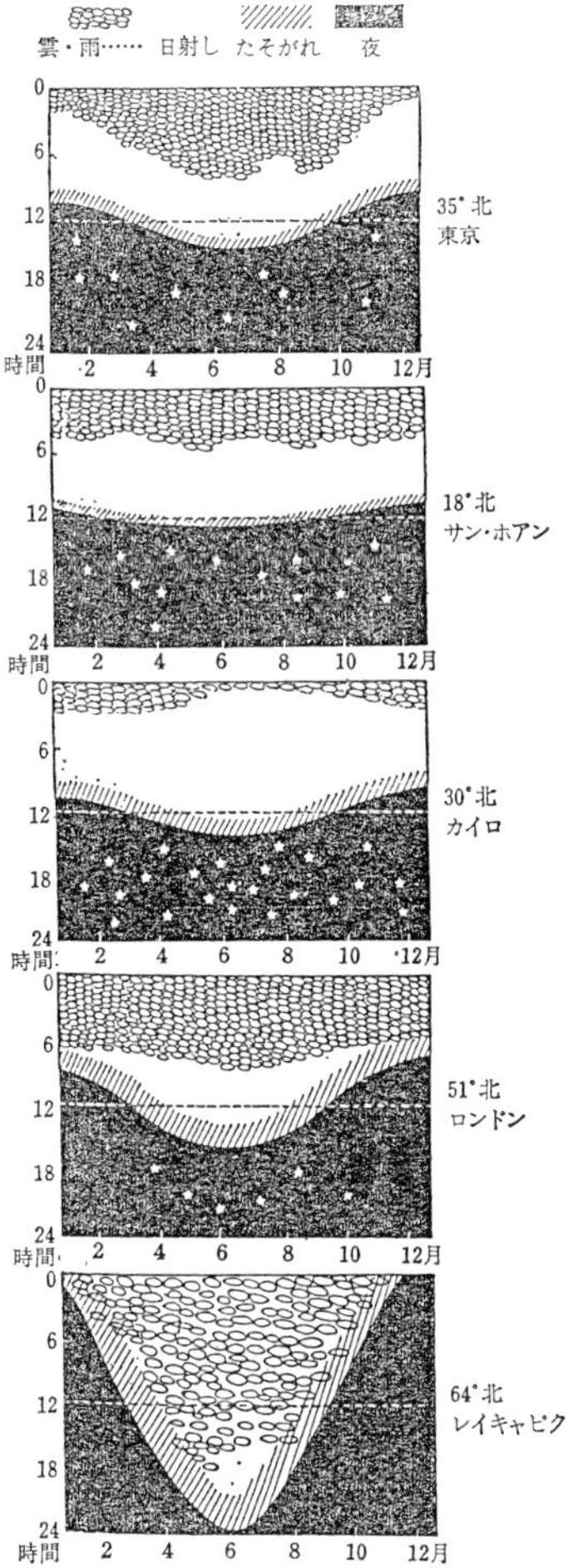

昼と夜の分布〈建築〉1967 年

09

回帰

気がついてみたら、本来の目標だった自分の生きる場の問題はどこかに消えていた。ちょうど全体を見ようと高台にのぼってみたが、まだ向こうがあると空へ鳥のように飛んでみた。それでも不足だと成層圏まで上ったら、地球は見えたが自分の家はどこかへ消えていたように。考えなおしてみたら、一人の人間が持てる関心の数は限られており、習い覚える量も時間の限界内だし、判断できる範囲も年齢と共に終るのだった。有限の世界からもう一度見なおす必要が叫ばれるようになるのも無理はない。

日本生活学会編〈住生活と地域社会〉一九七八年

なにがなんだかわからないのよ
日暮れになると涙がでるのよ
知らず知らずに泣けてくるのよ

大竹十一〈おおたけ・じゅういち〉

かんそうなめくじ

昔夜店で売っていた、干したほうずきに、黒いマッチ棒を五本足したような虫けらが、去年（一九六五年）の十一月十一日の夜、私のところに訪ねて来た。「人類がこの地球上のじめじめしたところをだんだんなくしてしまったので、われわれなめくじもこんな風に変態を余儀なくされたのだ」というのが恨みがましい自己紹介であった。「われわれは復讐心に燃えているのだが、幸か不幸か人類はバベルの塔を築いて以来仲間割れしているから、まだ総攻撃をかけなくとも自滅する可能性があるので静観しているのだ」と、おしゃべりなめくじだったと見えて、ガサゴソと音を立てながら、私のまわりを歩きながら語るに落ちるというのだろうか、こんなことをいった。

「どうもしかし、この頃やや不穏な気配があるのでおれは偵察に来たのだ」と。

〈新建築〉一九六六年

ふたたび世界がその原初の混沌に戻ってくれる日をおれは待ち望んでいるんだが、日本人ての は少しばかり賢くて、混沌と秩序の中間をうまく探し出すのが好きだ。あまりに完璧だといけないといって傘を忘れた甚五郎の精神を尊ぶ精神があった。
西欧の考えのとりこになってからは徹底主義へ走ったらしいから、危ないもんだが、合理化反対なんて唱えるのもいるからまだ大丈夫かもしれない。

有限の世界にいることを悟った古代ギリシャの人びとのように、無限を望まないほうがいいんだが、果たしてそれだけの知恵があるかな。

〈かんそうなめくじの言〉一九七一年

何が大切かという根本的な問いを忘れたのだ。おれたちは住めない世界には住まないことにしている。じとじとと雨が降り、湿気がいっぱいの時だけ羽をのばすが、あとは静かに耐え忍ぶのだ。

〈新建築〉一九七一年

五本の「や」

忘れた人もいるだろうから、
もう一度ここに肖像をのせ、
5本の脚の名を思い出してもらおう。
一番前のが「まかしとけや」で、
もっぱら政治的に働く。
次のが「おんどりや」で軍事を司る。
三番目は「たらしこみや」で経済を受け持ち、
四本目が「あらいだせや」で
イデオロギー的洗脳の役目だ。
五本目はまだ背中から矢にしてばらまけないので
「や」の名がついてないが、
「相互信頼」を引き受けることになっている。

〈新建築〉一九七一年

かんそうなめくじ

太陽と月

太陽は月と会う約束です
月はそこにいます
月はそこにいます
けれど太陽には見えません
夜でなければ見えないのです

Le soleil a rendez-vous avec la lune
la lune est là
la lune est là
mais le soleil ne la voit pas
il faut la nuit pour qúil la voit

吉阪家の墓　1959 年、現場での吉阪と篠田桃紅氏

メビウスの輪

メビウスの輪というのをご存知だろうか。帯状の紙をひとひねりして輪になるようにつないでできた形を考えて頂ければよい。

この輪は表と裏の境界がない。よじれているため、内側を辿っていくうちいつの間にか外側に出てしまう。

この輪をたてに切って二つの輪にしようとすると切れたと思ったとたんに大きな一つの輪になってしまう。切っても切れない輪だ。

こうしたメビウスの輪のもつ性格が面白くて、大小さまざまの輪をつくってみたり、これを平たくたたんでみたり、立体的に彫刻につくりあげたりしてみると、何か人生を教えられるような気がする。

たとえば、よじれ目の所を今と仮定してみると、左右に過去と未来があり、一方は既知の面を見せ、他方は未知の面を見せているとも考えられる。そして古い過去と遠い未来は、向こう側でつながって、既知と未知がうらはらになっているのだと教えてくれる。

内外の面を夫婦にたとえたとすると、これを外の力でさいてみても、やはり一つの輪のまま保つのも面白いし、その輪を更にたてに割っても、互いに絡み合った輪になってバラバラにならないのは親子の縁を連想させる。

抽象的ないろいろの概念を、この具体的な像に託せるので、町つくりの理論までこの図形によって説明したりしています。

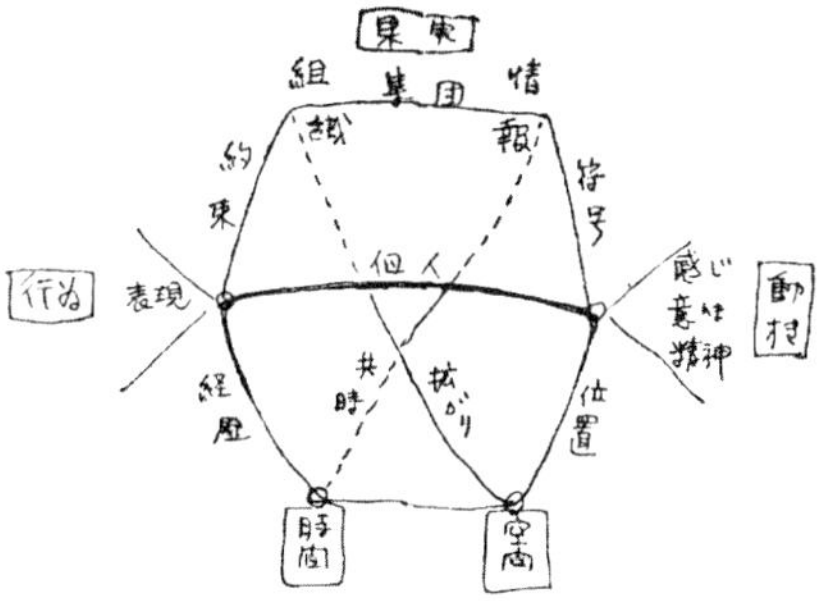

個人と集団を、メビウスの輪へ1本のふらを折りたたんだような図形を考えてみよう。中心に「個人」を置き、個人の線を延長していくといつの間にか「集団」の中に入り、さらにその線を伝っていくと、また「個人」の所に戻ってくる。

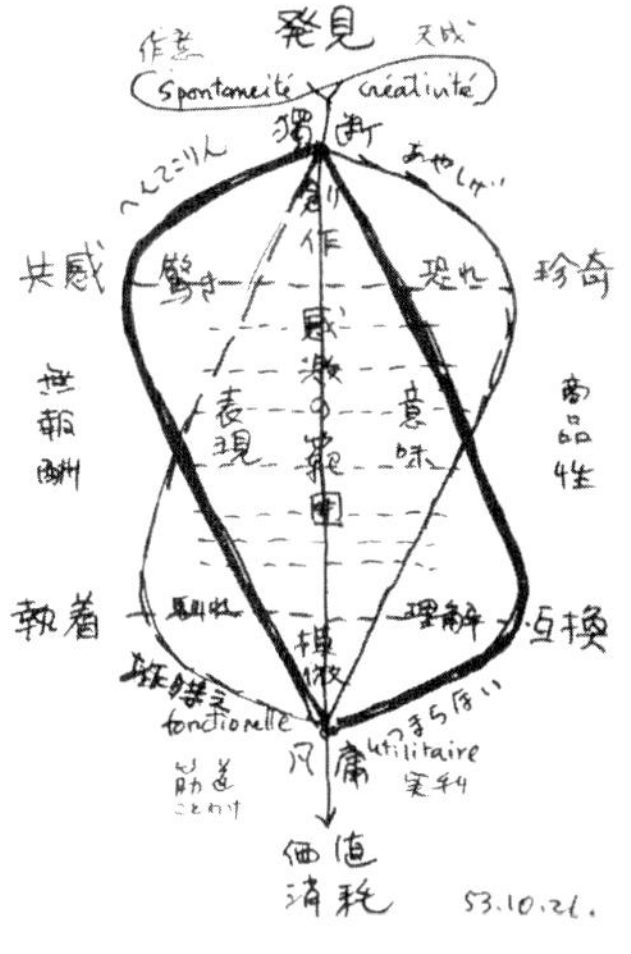

〈FM東京の放送原稿〉一九七八年

生命の曼荼羅

「進歩界・輪廻界・曼荼羅」として、人生で何かの目標をたて、その達成の手段を求め、さらにその完成をめざすときに踏むであろう道すじを描いて見たものである。「過ぎたるは及ばざるより悪し」に至ってしまう傾向を匡すことから、再出発への道を求め得られないだろうか。

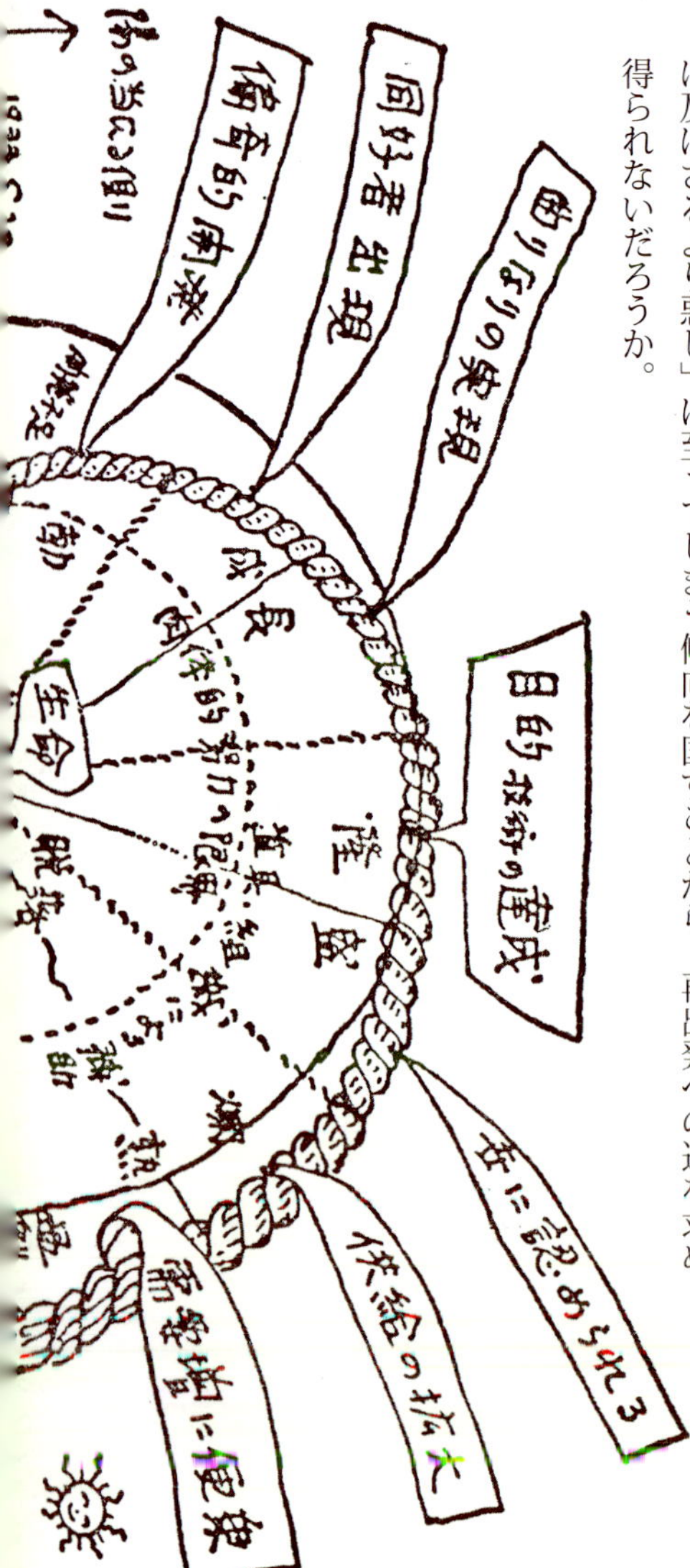

生命の網の曼荼羅＜生活とかたち＞（有形学）1980 年

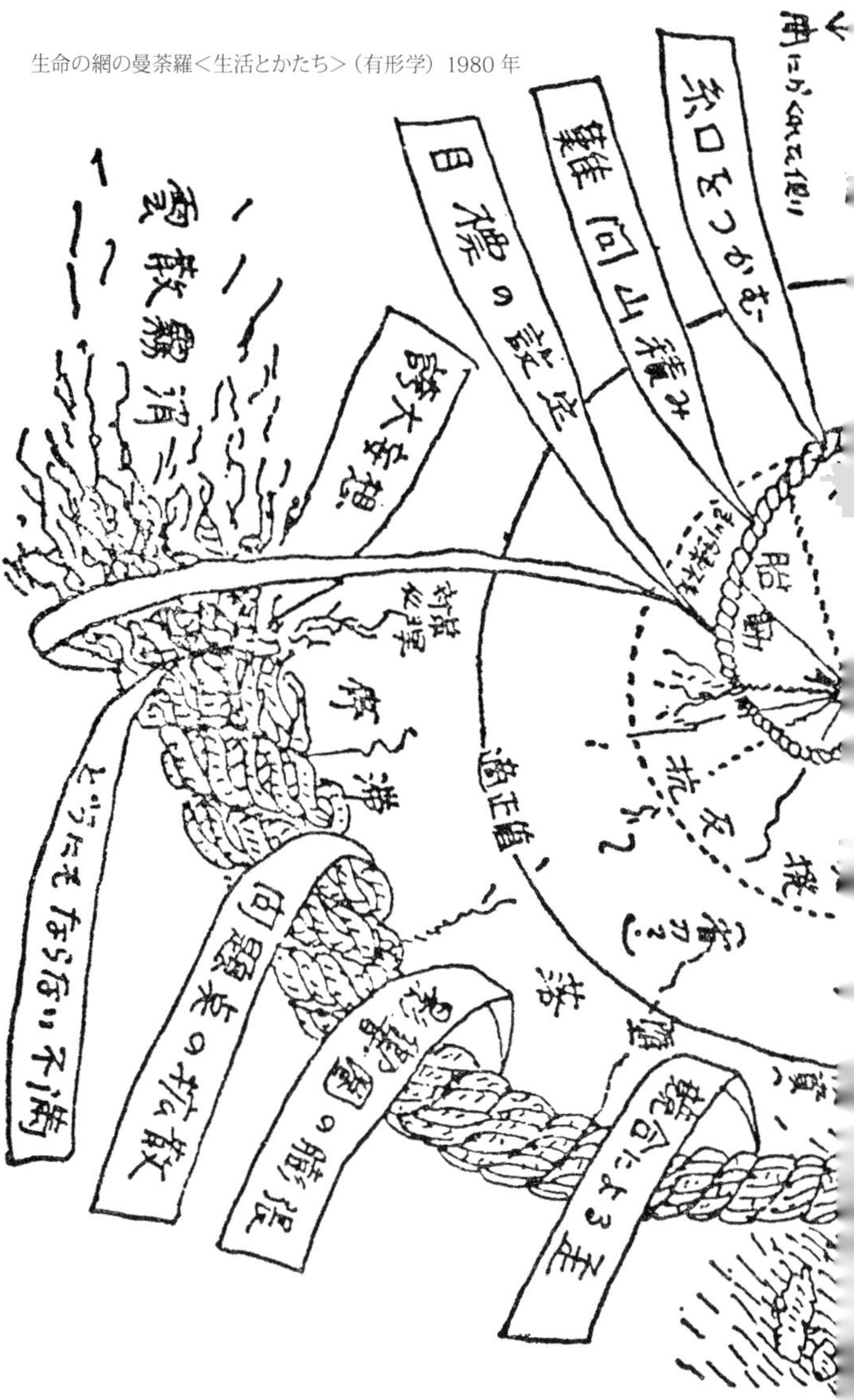

生命の綱の曼荼羅は拡散しない。
また原点へ戻るのだ。

木々は夫々の姿を
夫々の法則に従ってとっているのに、
全体としての森も又一つの性格を
形づくって統一されている。
木の葉や花も夫々独立しても美しいが、
一本の木となって別の美しさを出現している。

〈今和次郎先生古希記念文集〉1958年

東京八王子の多摩丘陵に建つ、大学セミナー・ハウス。地形を活かして配置した本館、講堂、研修室、宿泊施設が小さな集落をつくる

姿がことばに

好きなことは やらずには いられない

吉阪隆正との対話

アルキテクト編

建築技術

制作事務局
アルキテキト

樋口裕康
齊藤祐子
北田英治
春井　裕
羽渕雅己
山田晶子
二宮晴夫
松井正澄
人竹　海
高澤京子
松延　剛
橋戸幹彦
高木秀之

協力
吉阪正邦
U 研究室
佐藤雅夫（年譜）

この本の出発点は、2011 年に遡る。

タイから台湾へと跳び回る樋口から、吉阪語録のスケッチとメモがファクシミリで届く。ことばとスケッチの洪水だ！

３月の東日本大震災を挟んで、大学セミナー・ハウスでの講演、四万温泉の合宿と、吉阪と対話を続けるように、活き活きとしたことば、エピソードが樋口から伝えられた。

震災の経験は、吉阪の考えていた世界に触れる重要性を、私たちに切実に訴えてきた。

吉阪の世界は周りの人をどんどん巻き込んでいく。対話の中からことばを選び、並び替え、スケッチを見直す。たくさんの方の協力を得て、今、この本は、ここに姿を現した。

齊藤祐子

好きなことはやらずにはいられない
吉阪隆正との対話

発行	2015 年 9 月 5 日
編著	アルキテクト
発行者	橋戸幹彦
発行所	株式会社建築技術 〒 101-0061　東京都千代田区三崎町 3-10-4　千代田ビル TEL 03-3222-5951　FAX 03-3222-5957 http://www.k-gijutsu.co.jp 振替口座 00100-7-72417
造本デザイン	春井裕（ペーパー・スタジオ）
写真	北田英治
DTP	羽渕雅己・山田晶子（かめ設計室），高澤京子（象設計集団）
印刷	石塚印刷株式会社
製本	有限会社　松本紙工

落丁・乱丁本はお取り替えいたします。

ISBN978-4-7677-0149-3

Printed in Japan

吉阪隆正（よしざか たかまさ）
1917 ～ 1980 年
暁星小学校からジュネーブ・エコール・アンテルナショナル 33 年卒業。41 年早稲田大学理工学部建築学科卒業、59 年教授、80 年 63 歳で逝去。
今和次郎に師事し、民家、農村の調査、住居学から「生活とかたち―有形学」を提唱。また、1950 年から 2 年間、フランス政府給費留学生として渡仏、パリのル・コルビュジエのアトリエで設計に携わり、建築家として作品を世に問う。教育者、探検家でありアルピニスト、文明批評家として多数の著書を著す。『現代日本建築家全集 15』『吉阪隆正集　全 17 巻』多数。

大竹十一（おおたけ じゅういち）
1921 ～ 2005 年
1944 年早稲田大学建築学科卒業後、佐藤聯合設計事務所、梓建築事務所の設立に参加。52 年に大学に戻り、武基雄の研究室で設計を手伝う。54 年に浦邸で吉阪と協働し、滝沢健児、城内哲彦、松崎義徳らと共に吉阪研究室を設立。生涯、吉阪の名パートナーであり続けた。

松崎義徳（まつざき　よしのり）
1931 ～ 2002 年
1953 年福岡から上京、早稲田大学入学。学生の時から創設メンバーとして、設計に参加。59 年早稲田大学大学院終了。日仏会館、江津市庁舎、山小屋などと大学セミナー・ハウスを担当。早稲田大学産業専修学校講師。93 年から、函館、帯広の象設計集団へ。ヒマラヤのトレッキング、k2 をめざす。クリスチャンとして日本聖公会聖バルナバ教会ほか、著書に『研修所』ほか。

大竹康市（おおたけ こういち）
1938 ～ 1983 年
1962 年東北大学工学部建築学科卒業。62 年早稲田大学大学院入学。64 年 U 研究室入室、大竹十一と区別するため「ジュニア」と呼ばれた。大島元町復興計画、生駒山宇宙科学館、箱根国際観光センターコンペなどを担当。71 年象設計集団の結成に参加。83 年サッカー試合中に倒れ急逝。著書『これが建築なのだ』ほか。

樋口裕康（ひぐち ひろやす）
1939 年静岡県生まれ。65 年早稲田大学大学院修了。64 ～ 71 年 U 研究室。樋口邸、箱根国際観光センター設計競技などを担当。71 年富田玲子、大竹康市、重村力、有村桂子と象設計集団設立。作品に名護市庁舎、今帰仁公民館、進修館、用賀プロームナード、台湾冬山河親水公園ほか、著書『空間に恋して―象設計集団のいろはカルタ〔共著〕』ほか。

地井昭夫（ちい あきお）
1940 ～ 2006 年
1964 年早稲田大学第二理工学部建築学科卒業。69 年同大学院博士課程修了。在学中から伊豆大島、元町復興計画を手がける。広島工業大学助教授、金沢大学、広島大学、広島国際大学教授を歴任。全国の漁村計画、調査、研究を行う。著書は『漁師はなぜ、海を向いて住むのか？』ほか。

重村 力（しげむら つとむ）
1946 年神奈川県生まれ。69 年早稲田大学理工学部建築学科卒業。74 年同大学院博士課程修了。神戸大学名誉教授、神奈川大学教授。71 年象設計集団設立に参加。81 年より Team ZOO いるか設計集団顧問。2012 年日本建築学会賞受賞。主な作品に脇町立図書館、出石町立弘道小学校、ほか。著書は『地域主義〔共著〕』『図説集落 その空間と計画〔共著〕』ほか。

平井秀一（ひらい しゅういち）
1950 年神奈川県生まれ。73 年早稲田大学理工学部建築学科卒業。75 年同大学院修士課程修了。卒業後象設計集団。在学中から沖縄での調査、計画・設計に参加。Team Zoo 鰐設立。宮代町の基本構想づくりから整備計画、進修館四季の丘を設計。農村集落調査論文多数。

齊藤祐子（さいとう ゆうこ）
1954 年埼玉県生まれ。77 年早稲田大学理工学部建築学科卒業。77 ～ 84 年 U 研究室にて、青森県目時農村公園、大学セミナー・ハウス国際セミナー館屋根の絵などを担当。85 年七月工房、89 年空間工房 101 を共同で設立、2000 年サイト（SITE）に改組。作品に益子・塵庵、グループホームあおぞら、東中野 PAO ほか。著書は『吉阪隆正の方法・浦邸 1956』『集まって住む終の住処』ほか。

サイト一級建築士事務所
ぐるぐるつくる大学セミナー・ハウス事務局
アルキテクト連絡先
e-mail　site21@nifty.com
URL　http://aasite.web9.jp

4

吉阪隆正　年譜

1917～1957

著作・翻訳・出版	主な作品	西暦	年齢	年譜
		1917	0歳	2月13日吉阪俊蔵・花子夫妻の長男として東京市小石川に生まれる
		1921	4歳	父親の赴任先、スイス、ジュネーブへ
		1923	6歳	スイスより帰国、新宿区百人町に住む 暁星小学校入学
		1929	12歳	再び家族と共にジュネーブへ
		1931	14歳	ジュネーブ・エコール・アンテルナショナル入学
		1933	16歳	約半年間、エジンバラに単身寄宿、帰国
		1934	17歳	ジュネーブより帰国した家族と、百人町に住む
		1935	18歳	早稲田高等学院入学、山岳部入部
		1938	21歳	早稲田大学建築学科入学
		1939	22歳	今和次郎先生の指導により、農村、民家の調査木村幸一郎先生に同行、北千島学術調査隊参加
		1941	24歳	北支満蒙調査隊参加 早稲田大学建築学科卒業 卒業論文『北支蒙彊に於ける住居の地理学的考察』
		1942	25歳	応召
		1945	28歳	甲野富久子と結婚、5月百人町焼失 朝鮮光州で終戦、帰国
	銀座消費観興地区計画設計競技（協働） 渋谷消費観興地区計画設計競技（協働）	1946	29歳	長男・正邦誕生 早稲田大学専門部工科講師 百人町でバラック生活を始める
	早稲田文教地区計画	1947	30歳	早稲田大学専門部工科助教授
		1948	31歳	次男・正光誕生
『住居学概論』日本女子大学通信教育出版部		1949	32歳	早稲田大学第一・第二理工学部助教授
『住居学汎論』相模書房		1950	33歳	フランス政府給費留学生として渡仏 ル・コルビュジエのアトリエに勤める、マルセイユ・ユニテ現場担当、ナント・ユニテ、チャンディガール首都計画、ロク・ロブ計画、ジャウル邸他 フランス国内自転車旅行
		1951	34歳	第8回CIAM会議（イギリス）出席 マルセイユ・ユニテの現場監理
		1952	35歳	マルセイユ・ユニテ落成を機にアラブ経由で帰国途中、インド、チャンディガールに立ち寄る
『住居学概論』日本女子大学通信教育出版部 『モデュロールI』ル・コルビュジエ著・(訳) 美術出版社	及川邸	1953	36歳	自邸の設計を始める 日本山岳会理事
『ル・コルビュジエ』彰国社 『住居論』(建築学大系1)、『都市論』(建築学大系2)、彰国社 『商店』(建築学大系31) 彰国社	ブラジル・サンパウロビエンナーレ第1回設計競技1等 台湾・東海大学計画国際設計競技1等 国会図書館計画、AIU ビル計画	1954	37歳	吉阪研究室創設（早稲田大学） 日本雪氷学会理事
『環境と造形』(造形講座第3) 河出書房	吉阪自邸、浦邸 ブラジル・サンパウロビエンナーレ第2回設計競技1等	1955	38歳	日本建築学会南極建築委員会委員 ヨーロッパ諸国訪問（ローマ、パリ、ブリュッセル、ナント、ジュネーブ）
	ヴェネチア・ビエンナーレ日本館 十河邸 ヴィラ・クゥクゥ	1956	39歳	イタリア・ヴェネチアにて設計監理 ヨーロッパ諸国（イタリア、フランス、スイス各地）訪問
『山岳・人文地理の項』朋文堂	ブラジル・サンパウロビエンナーレ第3回設計競技1等 丸山邸、剣山荘計画、海星学園	1957	40歳	早大アフリカ遠征隊赤道横断 ヴェネチア・ビエンナーレ日本館、文部大臣芸術選奨受賞

1958 ～ 1970

著作・翻訳・出版	主な作品	西暦	年齢	年譜
	呉羽中学校 南山小学校計画 日仏会館	1958	41 歳	ブラジル政府招聘講師として国際都市計画シンポジウム出席 日本雪氷学会常任理事
『鉄筋コンクリート造設計例　ヴェニス・ビエンナーレ日本館』（建築学大系 39）彰国社 『不連続統一体』（民家―今和次郎先生古稀記念文集）相模書房	江津市庁舎、安達太良山小屋計画 涸沢ヒュッテ計画、吉阪家の墓 コンゴ・レオポルドビル文化センター国際設計競技（三等受賞）	1959	42 歳	日仏会館によりフランス文化勲章 早稲田大学理工学部教授
『ある住居』、『ある学校』相模書房 『ル・モデュロールⅡ』ル・コルビュジエ著・（訳）美術出版社	チェニス都市計画国際設計競技 アテネ・フランセ、呉羽中学校 2	1960	43 歳	早大アラスカ・マッキンレー隊隊長 北米大陸横断
『原始境から文明境へ』『宇為火タチノオハナシ』相模書房 『建築』1961 年 5 月号青銅社	涸沢ヒュッテ 黒沢池ヒュッテ計画 呉羽中学校 3	1961	44 歳	西洋美術館で「ル・コルビュジエ展」実行委員 メキシコ訪問 国立ツクマン大学招聘教授、アルゼンチン滞在
	呉羽中学校 4	1962	45 歳	ツクマンにて長女・フェリサ・岳子誕生 アルゼンチンより帰国 今先生の服飾史講義でネクタイの歴史を知り、以降ノーネクタイで通す
	大学セミナー・ハウス 1　/　本館、宿泊ユニット、中央セミナー館 県立立山荘、立山山岳ホテル 天竜川治水記念碑 国立国際会議場計画設計競技 キューバ・プラジャヒロン戦勝記念碑計画国際設計競技 アテネ・フランセ 2/ 特別教室群 竹田邸、赤星邸	1963	46 歳	第 7 回 UIA 大会（キューバ・ハバナ）出席 ゲバラとカストロに会うためヒゲを伸ばし始める アテネ・フランセで建築学会作品賞受賞
『住居学概論』日本女子大学通信教育出版部 『国際建築』1964 年 3 月号	吉阪自邸書庫、山岳アルコー会ヒュッテ 藤堂邸計画、高田馬場再生計画	1964	47 歳	吉阪研究室を改称して U 研究室設立
『住居学』相模書房	大島元町大火、復興計画案 明華会館	1965	48 歳	台湾で第 8 回建築公師会総会出席 ヨーロッパ、北欧を明石信道先生に同行 住宅地域計画会議（スウェーデン・オーレブロー）出席 第 8 回 UIA 大会（パリ）出席
『メキシコ・マヤ芸術』（訳）彰国社 『建築』1966 年 1 月号青銅社	深大寺かまぶろ温泉、樋口邸、黒沢池ヒュッテ 大学セミナー・ハウス 2　/　講堂、図書館	1966	49 歳	ブラジル・サンパウロ日伯文化交流会議講師
『建築をめざして』ル・コルビュジェ著（訳）鹿島出版会 『住居学概論』日本女子大学通信教育出版部	大島 / 庁舎、図書館、野増出張所、吉谷公園等 大学セミナー・ハウス 3　/　教師館	1967	50 歳	シドニー大学招聘教授、オーストラリア滞在 韓国訪問
『住居デザイン論』有斐閣	アテネ・フランセ 3/ 講堂、塔 野沢温泉ロッジ、涸沢ヒュッテ増築 ニュー・フサジ、生駒山宇宙科学館 大学セミナー・ハウス 4/ 長期研修館、大セミナー室、茅橋 大島 / 差木地小学校、第 1、5 中学校、クダッチ更衣室、商工観光会館	1968	51 歳	第 10 回都市計画会議（オーストラリア・パース市）招聘講師 ヨーロッパ、アメリカ訪問
『オスカー・ニーマイヤー　』共著・美術出版社	ヒュッテ・アルプス、丸山邸増築 アテネ・フランセ 4/ 図書研究室、サロン棟 大学セミナー・ハウス 5/ 野外ステージ	1969	52 歳	大学紛争の中、早稲田大学理工学部長～ 72 年 内閣審議室「２１世紀の日本」審査委員会審査委員
『建築学大系・新訂版』彰国社	箱根国際観光センター計画設計競技 21 世紀の日本列島像、黒部平駅	1970	53 歳	漢陽大学・早稲田大学合同韓国集落調査団団長 早稲田大学体育局山岳部長

1971 ～ 1980

著作・翻訳・出版	主な作品	西暦	年齢	年譜
『コンクリートの家』実業之日本社 『現代住居・人間と住居』有斐閣 『建築』1971 年 1 月号青銅社	大観峰駅、山田牧場ヒュッテ	1971	54 歳	オランダ・アムステルダム総会 台湾、韓国、ヨーロッパ訪問
『住居学概論』日本女子大学通信教育出版部 『告示録』相模書房 『巨大なる過ち』ミシェル・ラゴン著（訳）紀伊國屋書店 『アニマルから人間へ』（『２１世紀の日本・上』）（共著）同上 『ピラミッドから網の目へ』（『２１世紀の日本・下』）（共著）同上	アテネ・フランセ 5/LL 教室棟、学生ホール 働く婦人の家	1972	55 歳	ヨーロッパ諸国訪問（マドリッド、ニース、ジェノバ、フィレンツェ他） チャンディガール研修会団長としてインド訪問
『私、海が好きじゃない』アグネ出版 『住まいの原型』（共著）鹿島出版会 『アルプスの村と街　』共著・A.D.A	U 研究室アトリエ、盛岡市民屋内プール アテネ・フランセ 6/ 地下予備室 大学セミナー・ハウス 6/ 大学院セミナー館、遠来荘	1973	56 歳	日本建築学会会長 ２１世紀の日本列島像　新首都北上京計画 テレビ大学講座『住居学』（UHF 実験放送）１５回シリーズ
	三沢邸 大学セミナー・ハウス 7/ 国際セミナー館 ダマスカス国立図書館（国際設計競技）	1974	57 歳	早大２１世紀の会主催の船上セミナーで香港訪問 チャンディガール研修会団長としてインド訪問 日中建築技術交流会訪中団団長として北京、西安、広州訪問、韓国、東欧訪問 日中建築技術交流会会長、日本生活学会会長
『都市住宅』1975 年 8 月号鹿島出版会	アテネ・フランセ 7/ 学生ホール 坂上邸	1975	58 歳	チャンディガール研修会団長としてインド訪問 フィリピン・マニラ、セブ国際競技設計審査 日本建築積算協会会長 描き集めたスケッチや地図などの「パノラみる展」
『アテネ憲章』ル・コルビュジェ著（訳）鹿島出版会 『ル・モデュロールⅠ・Ⅱ』ル・コルビュジエ著 (訳) 鹿島出版会 『世界の建築』（『世界の美術』13）世界文化社	大学セミナー・ハウス 7/ 交友館	1976	59 歳	カナダ・バンクーバーにてマニラ・トンド地区コンペ審査 日中建築技術交流会訪中団団長として中国訪問 日本建築積算協会団長としてヨーロッパ訪問
『ル・コルビジェ全作品 7』（訳）A.D.A	目時農村公園	1977	60 歳	ヨーロッパ諸国（パリ、バルセロナ、ニース他）訪問 中国訪問、西地中海（マジョルカ、アルジェ、モロッコ、スペイン他）訪問
『ル・コルビジェ全作品 6.5.4.3.2』（訳）A.D.A	働く婦人の家増築 高屋敷農村公園	1978	61 歳	ボストン大学・ハーバード大学 G.S.D. の招聘教授としてアメリカ滞在 アフガニスタン（カブール、バーミアン等）訪問 早稲田大学専門学校校長
『ル・コルビジェ全作品 8.1』（訳）A.D.A 『住民時代　君は 21 世紀に何をしているのか』新建築社 『建築文化・大学セミナー・ハウス』1979 年 9 月号彰国社	栃木県立博物館指名設計競技 西行歌碑、樋口邸増改築	1979	62 歳	日中建築技術交流会で中国訪問 日本デザイン・コミッティーで中国訪問
『生活とかたち—有形学』（テレビ大学講座テキスト）旺文社	黒磯文化会館指名設計競 日本建築学会新建築会館設計競技 矢祭町山村開発センター アテネ・フランセ 8/ 文化センター改築 吉阪自邸改築	1980	63 歳	アブダビにて市庁舎コンペ審査 12 月 17 日聖路加国際病院にて癌性腹膜炎のため死去、享年 63

1981～

西暦	年齢	年譜
1981		カラコルム山脈　K2峰分骨、早大登山隊登頂

著作・翻訳・出版　　主な作品

『建築文化』1981年6月号彰国社
『乾燥なめくじ・生い立ちの記』相模書房　1982年
『ヴェネチア・ビエンナーレ日本館・世界建築設計図集』同朋舎出版 1986年
『吉阪隆正集・全17巻』勁草書房 1986年
『昭和住宅物語ー浦邸／新建築』藤森照信・新建築社 1987年
『戦後建築家の足跡3／建築文化』重村力・彰国社 1989年
『再読・日本のモダンアーキテクチャー18／建築文化』松隈洋・彰国社 1994年
『吉阪隆正の方法』齊藤祐子著　住まいの図書館出版局 1994年
『DISCONT 不連続統一体』丸善　1998年
『インドでの発見ール・コルビュジエ1950年代アーメダバードの仕事』齊藤祐子・ギャルリー・タイセイ 2001年
『かんそうなめくじ　1945-1975』2004吉阪隆正実行委員会 2004年
『ル・コルビュジエのインド』北田英治写真集・彰国社 2005年
『吉阪隆正とル・コルビュジエ』倉方俊輔著・王国社 2005年
『吉阪隆正の迷宮』2004吉阪隆正展実行委員会編・TOTO出版 2005年
『Ahaus No.6　今和次郎と吉阪隆正』Ahaus編集部 2008年3月
『吉阪隆正サバイバル論集』前川歩、富樫哲之編・稀会 2011年
『住宅建築　No.438　八王子大学セミナー・ハウスのいま』建築思潮研究所 2013年4月
『好きなことはやらずにいられないー吉阪隆正との対話』建築技術 2015年

展覧会・活動

『吉阪隆正の世界展』日本デザインコミッティー 1981年
『吉阪隆正ーことば・すがた・かたち展』INAXギャラリー 1987年
『DISCONTー吉阪隆正とU研究室展』ギャルリー・タイセイ 1997～1998年
『DISCONT・LIVE001　PAO』パオギャラリー 1998年
『DISCONT・LIVE002　長野』平安堂アートサロン 1999年
『2004吉阪隆正展ー頭と手』建築会館・建築博物館ギャラリー 2004～2005年
『宇宙と原寸ー吉阪隆正と大竹十一』シンポジウム 2013年
『みなでつくる方法ー吉阪隆正とU研究室の建築』国立近現代建築資料館 2015～2016年
『ぐるぐるつくる大学セミナー・ハウスワークキャンプ』2006年～

写真　北田英治／p.33、41、60-61、80-83、119、129、131、133、157、195、214、215、218-221
p.223、224、226、231、236下、240上、右
平山忠治／p.153
図版、写真提供／吉阪正邦、樋口裕康、U研究室、象設計集団、早稲田大学吉阪研究室
Animal Architecture

なぜ、吉阪隆正か！

齊藤祐子

平和へ……
山へ……
実験住居で育つ……
〈ことば〉と〈かたち〉
住居からまちつくりへ……
生活学から有形学へ
原点に立ち戻る

二十世紀半ばを駆け抜けるように生きた吉阪は、「世の中どっかおかしいぞ」と、強烈な〈かたち〉と〈ことば〉で世に問い続けた。建築家であり、教育者であり、平和を願う文明批評家であり、ヒマラヤ登頂をめざすアルピニストであり、洗練された野性人であり・・・・・ひとつの肩書きにはおさまらない行動家といえる。

180センチを超す長身の吉阪は、常に背筋を伸ばし、視線をまっすぐ前に向けて大股に早足で歩く。どこまでも歩く。一緒に大学に行く時、私たちは時々走るように追いかけた。ヤギひげと秀でた額の風貌は、「仙人のような」独特の印象を、不思議な寛容さと温かさとともに与えた。

周りには年齢を問わずたくさんの人が集まり、どちらかといえば人の話に静かに耳を傾け、時々、ボソリと言葉をはさむ。そんな教育者としての姿がある。対象的にアトリエでは、自分の案を伝えるために、顔を真っ赤にして主張する。その姿は、子どもが駄々をこねるような熱血でもあった。

吉阪は、血を流さずに平和をつくりだすことができる、建築の〈かたち〉の力を信じていた。同時に壁を建てて行動を制限し、関係を遮断することを断固拒否した。門も塀もつく

1980年4月、第一回〈有形学会〉
大学セミナー・ハウスにて

らない自邸。その庭にあったアトリエ〈U研究室〉では、ピラミッド型の組織構造を否定し、独立した考えを持つ個人が集まり、責任をもって意見をぶつけあい〈かたち〉をつくりあげた。そこで実践した〈不連続統一体／DISCONT〉＊01の理論は、吉阪思想の大きな骨格であった。

Discontinuous Continuity、あるいはDiscontinuous Unityの略語であり、創作の方法であり、組織論である。

世紀を超えて、私たちはどこへ向かおうとしているのか。1960年代、吉阪は自身の分身〈かんそうなめくじ〉＊02に姿をかりて、高度経済成長を突き進む社会へと警鐘を鳴らし続けた。初源に立ち戻り、常識に流されることを嫌い、原点を問うその〈ことば〉と思想は、現在も生き続けている。否、来し方を顧みることなく迷走する、今の社会にこそ必要とされている。

吉阪世界をかたちつくる、生い立ち、人とのつながり、建築作品、行動を手がかりに、あらためてその〈ことば〉と、吉阪と対話していきたい。

〈パタパタ〉と呼んでいる集印帖を手に、どこでもスケッチをする

＊01 不連続統一体／DISCONT
→ p.164 ～ 175
「1957年に吉阪が唱えた理論。個と集団といった人間関係、建築と都市の計画、空間や形の作り方などに汎く応用される考え方であるが、何といってもその特徴は、計画の過程を通して実践上で発想されたところにある。それだけに強い説得力を生み、論としての不完全さを超えて実行者に多大な関心をもって迎えられたのである。」鈴木恂『キーワード50 建築知識別冊7』1983年

実践の三つの場面のひとつ、57年に取り組んだサンパウロ・ビエンナーレ〈住居核を動的に捉えた提案〉では、56年に参加したCIAM会議のテーマ〈核とクラスター〉への批判精神、松崎義徳の〈移動コミュニティー論〉p.196、貞尾ジョージの〈フラーの構造理論〉をきっかけに〈不連続の連続〉理論がうまれた。58年の早稲田祭建築展での「個は全体の中で抑圧されるのではなく、―全体として動的な秩序のもとに、それ自身発展的な内容をもつ個の連続した社会、そのような都市社会を作りだす」ために「住居から都市まで」が計画対象にされ、何よりも200人の集団創作の作業理論として効果を上げた。そして、59年コンゴのレオポルドビル文化センター国際設計競技では、造形理論として具体的な形に結びつける。

「以上三つの実験的展開を経て、〈不連続統一体〉は現実の計画への可能性を広げた。その最も優れた結実をあげるとすれば、その三年後に計画を開始した〈大学セミナー・ハウス〉ということができる。そして、その頃から吉阪は〈有形学〉をその理論に結びつける大いなる野心を抱いていたのであった。」と鈴木は結んでいる。

＊02 かんそうなめくじ
→ p.203 ～ 205
「いろいろな風土に耐えているうちに、いつの間にか、私は、乾燥なめくじになっていることを、去年発見して驚いた。乾燥なめくじは、饕餮の親戚なのかも知れない。青銅の中に鋳こめられた饕餮のように、笑いながら泣き、泣きながら笑って、乾燥なめくじもまた、黄土のあの広い風土をこよなく愛する」遺稿『かんそうなめくじ 1945-1975』で吉阪は、塩にも溶けない乾燥なめくじになっていることを告白する。

〈かんそうなめくじ〉は、1966年3月〈日本万博に期待する〉と題して『新建築』誌に初めて登場する。その後、〈素通りした万博見学〉1970年5月〈続・かんそうなめくじの言　月は西から東に向かう〉1971年8月〈かんそうなめくじ五本目の脚〉1976年2月と、吉阪の分身のように語り続けた。生前企画編集していた『乾燥なめくじ　生い立ちの記』相模書房、『吉阪隆正集16 あそびのすすめ』に上記の記事は再録されている。

平和へ……

二つの大戦と生い立ち

吉阪隆正は1917年2月13日、ロシア革命の年、東京小石川にあった母方の祖父母の家で、吉阪俊蔵、花子の長男として生まれる。祖父 箕作佳吉（1858～1909）は動物学の草創期を築いた動物学者であった。1914年に始まった第一次世界大戦は、ヨーロッパからアフリカ、中東、東アジアへと広範に及び、1918年に終結した。翌年、父 俊蔵（1889～1958）は、全権随員として「パリ講和会議」に臨み、1921年には国際労働機関設立のため、家族でジュネーブに駐在した。

「物心ついたばかりのころ、4歳で私は小石川区竹早町の家を去り、日本郵船にのせられて印度洋を経て、マルセイユに上陸した」＊03

第一次世界大戦後のジュネーブは国際連盟と国際労働機関の発足で、世界各地から集まった代表でごった返していた。二年間を過ごし帰国後、新宿百人町に、父の大学の友人である大内兵衛氏邸を譲り受け、居を定める。そこは、吉阪の生涯の拠点となり、第二次世界大戦の空襲の焼け跡に、建築家

左頁、1947年7月百人町、焼け跡のバラック生活をスケッチ／右頁、書棚に屋根をかけた書斎→p.88～89

としての出発点である〈実験住居 吉阪自邸 1955 ～ 83〉＊04 を建設することになる。

小学校の六年間を東京で暮らし、1929 年には再び、ジュネーブに渡り五年間を過ごす。言葉で、自己表現できるようになった 4 歳からの幼少期と、12 歳からの思春期を、世界平和の実現を志す、国際連盟設立のために世界中から集まった人々の一人として吉阪は成長していった。二度目の渡欧では、国際的な視野で次の世代を育てるためにつくられた学校、エコール・アンテルナショナルで学ぶ。

世界にはいろいろな考えがあり、環境も多様である。一人ひとり違うことが当たり前であると、大きな影響を受け地球スケールの吉阪思想の根幹を築く。そこで学んだデュプイ先生の「地球全体として人類というものを見させる、そのために地図を描かせた」地球をひと巡りする授業＊05 について、吉阪は印象深く記している。

「世界平和を達成するためには、お互いが大変違った生活、あるいは価値観の違いというようなものを持っているのだけれども、それをお互いに理解し合うところから始めなければならないということが、その根底にあったかと思います。」そして、「建築は世界で相互理解するための一つの手がかり

＊03『吉阪隆正集 4 住居の造形』わが住まいの変遷史」p.192
＊04 実験住居　吉阪自邸 →p.136 ～ 143
＊05『乾燥なめくじ』日本の都市・世界の都市 p.29
＊06 同上 p.32
＊07 ダイアグラム、地図 →p.57 ～ 65、188 ～ 193、209
＊08『吉阪隆正集 4』p.207

ではないかと考え、私は建築をやりたいと思った。」* 06

その後、吉阪が描き続けたダイアグラムのひとつ、多様な視点で描く地図* 07 に大きな影響を与えた。また、当時の国際労働機関の中国代表から集印帖にスケッチを描くことを教わった父の影響を受け、吉阪が世界を旅して描き続けた集印帖の〈パタパタ〉スケッチは約 200 冊を数える。

卒業して一年間をイギリス、エディンバラで学び、16 歳で帰国後、国文学の先生の元でお世話になった。

「いまから考えれば、キリスト教から仏教の方へ傾斜して行く機会であったともいえる」また、「小学生のころに、京都の清水寺の境内、音羽の滝の少し先の祖父の隠居所（慶閑庵）で過ごした何日かが強く影響しているのかも知れない」* 08 と幼少時の日本での経験を振り返り、東洋思想との新鮮な出会いを語っている。

一つの価値観にとらわれずに成長し、共通の言語として〈かたち〉の力を信じる。同時に、戦争で疲弊したヨーロッパ社会から、西欧思想の限界を感じとったはずである。

早稲田大学では建築を学び、今和次郎* 09 指導のもと、農村や民家の調査に歩き回り、生活学への視点をえる。木村幸一郎* 10 に同行して北千島の調査、そして、中国大陸、北支

民家調査に行く車中の
今と吉阪、1954 年頃

満蒙調査隊に参加する。そこに広がる草原に向かって、突然叫びながら駆け出した話は、小さな巣のような土の住居のスケッチとともに吉阪建築の原点と位置づけられる。＊11 また、「中国が好きになったのは、どうもその旅行以来」＊12 と振り返る。同時に、ヨーロッパの歴史の組み立て方はどうもおかしいと疑問をもつ。遅れた文化と位置づけ、アジア、アフリカ、アラブ世界、アメリカの原住民、オーストラリアの文化などは無視されている。ひとの話は怪しい、自分自身でいろいろなところを歩き、直接見て、感じたことを拾ってこようと考えるきっかけになる。

大学卒業後、世界は再び大戦へと突き進んでいき、1942年満州に出征する。1945年、空襲で自宅は焼失。第二次世界大戦終戦後、焼け跡を転々とする借り住まいから、百人町にバラック＊13 を建て生活を立て直すなか、フランス留学が決まる。1950年、4歳で渡欧した同じ航路でマルセイユに着いた吉阪は、パリのル・コルビュジエ＊14 と出会い、魅せられ、33歳で建築設計修行をすることになる。大戦の傷跡からの復興期、現場を担当したマルセイユ・ユニテは完成をむかえ、同時にナント・ユニテ、ロンシャン教会堂、ラ・トゥーレット修道院、ジャウル邸、そして、何よりもインド、チ

＊09 今和次郎
（こん　わじろう　1888～1973）

東京美術学校図案科卒業後、早稲田大学で教鞭を取り、1920～59年早稲田大学教授。

柳田國男、佐藤功一の発起〈白茅会〉に参加。民家の調査を行う。関東大震災後〈バラック装飾社〉の活動、風俗調査と〈考現学〉を提唱。〈日本生活学会〉1972年創設。ノーネクタイ、ジャンパーとズック靴で教壇に立っていた。

＊10 木村幸一郎
（きむら こういちろう　1896～1971）

早稲田大学教授、建築計画原論の創始者。第二次世界大戦中の民家研究を『気候と住居』として出版。

1940年〈雪氷学会〉創設に関わる。

＊11 ウォー→ p.92～93
＊12『乾燥なめくじ』p.32
＊13 バラック→ p.88～89

ャンディガールの計画が進んで行く充実した時期であった。

吉阪はコルがインドの計画にのめり込んでゆく様子を、「コルの印度への旅行、印度での仕事は、コルに新しい道を開いたと私は信じる。（略）63 歳にして、はじめて印度に接したのも又悪くはない。西欧文明への批判を殆ど徹底的にやってのけて、それに代わるべき姿を探求してもうこれ以上進めまいと思ったところへ、印度の問題がでたのであった。」と、日記に書いている。インドの仕事を担当した建築家ドーシは、インドでのコルの仕事は、それまでのヨーロッパの仕事と全く違っていたと語る。はじめてインドを訪ね、光を、影を、水を、風を発見した。牛も鳥もクジャクも蛇も一緒に生きている世界。太陽と月、人間と自然も全て一つになった宇宙との出会いであった。＊15

アトリエには、ギリシャのクセナキス、コロンビアのサンペル、インドのドーシ、韓国の金重業はじめ、第三世界から若き建築家が夢を実現する意欲とともに集まっていた。吉阪には、疲弊したヨーロッパとは対象的に、その後の世界をつくりだす新しい力として映ったはずだ。50 年代のコルビュジエ・スクールが世界へと広がっていく出発点であった。

その後、吉阪はヨーロッパから、アフリカ大陸、北米大陸、

＊14 ル・コルビュジエ
（1887～1965）モダニズム建築の巨匠。スイスで生まれ、フランスで活躍した。サヴォア邸、ユニテ・ダビタシオン、ロンシャン礼拝堂、インド　チャンディガール計画等、日本には国立西洋美術館 1959 年。
前川國男、坂倉準三と吉阪がアトリエで学び、多大な影響を与える。
＊15『インドでの発見ール・コルビュジエ 1950 年代アーメダバードの仕事』齊藤祐子 2001 年

そして、アルゼンチン、ブラジル、キューバ、オーストラリア、韓国、中国、台湾、インドと探検隊を組織し、国際会議に参加し、教鞭を取り、文化交流のために旅を続けた。

左頁、1955年5月、西洋美術館の打ち合わせに来日したコルと、吉阪邸にて
右頁上、吉阪に贈られたル・コルビュジエが地中海カップ・マルタンの海岸で拾った石に描いた絵
右頁右、吉阪と旅したトランクに描かれた〈サイコロ世界地図〉→ p.58
右頁下、コルを訪ねて、吉阪夫妻 1956年

18

山へ……

地球を駆ける、キリマンジャロ、マッキンレー、K2

吉阪にとって、もう一つの大きな世界は、自然の厳しさの中で生きる山歩き、登山、探検であった。アルピニストとして未知の大陸に挑み、また、8,000 メートルのヒマラヤ登頂をめざした。学生時代は山岳部で活動して、一年の半分近くは山で過ごしていた。山との出会いは本格的で、中学生の時、父に連れられて、スイス アルプスの 4,000 メートル級の山に登っている。学生ながら、装備は本場スイス仕込みのものであったという。また、入学の翌年に父から贈られたベントのピッケル[*16]を生涯愛用した。かなわなかったヒマラヤ K2 登頂[*17]であったが、ピッケルは早稲田隊と共に、K2 山頂を望む頂に登った。晩年は、野性を感じさせるスケールの大きな山男として歩き続けた。

1957 年、早稲田大学赤道アフリカ横断遠征隊を組織して『アフリカ横断一万キロ』の記録映画を制作、キリマンジャロ登頂では女性隊員の登山の歴史をひらいていった。1960 年には早稲田大学アラスカ・マッキンレー遠征隊の隊長として北米大陸を横断し『原始境から文明境へ』を記した。アフ

リカ、マウエンジーとキリマンジャロ登山では、頂上目前で「もう十分楽しんだから」「次の隊に任せよう」と下山を決断したという。山でも「みんなが自分で責任をもってやりなさい。最終的なことはオレがやる」と、当時としては珍しい指導者であった。そして、建築や暮らしを見つけるとスケッチをしに、脱兎のごとく走っていった。＊18

アトリエには、山男、吉阪に惹かれて集まったメンバーも多かった。山つながりだ。大学セミナー・ハウスを担当した松崎義徳は、「コルビュジエも吉阪さんも知らない僕は、吉阪さんが山男だという一事に惹かれ」＊19 研究室に出かけていってそのまま居着いたと振り返る。松崎はいつでも山に登れるように、現場にはキャラバンシューズを履いて現れた。樋口裕康の担当した〈ひ邸〉は、屋根も階段室もクライミングに絶好の場所だ。

山小屋の設計も多く、自然の摂理をかたちにした結果、ユニークな表情が生まれた。北アルプスの〈涸沢ヒュッテ〉は、氷河がつくったカールに建ち、冬の雪崩で何度も小屋を流された。そこで、石積みの砦のような壁で囲み、小屋の上を雪崩が通り過ぎるように、カールの中に埋め込んでいる。妙高の〈黒沢池ヒュッテ〉はキノコのような、〈野沢温泉ロッジ〉

左頁、ネパールから望むヒマラヤ　1974年11月
右頁、雪の立山で、左から吉阪、松崎、城内

はドングリのようなかたちで、雪が積もらない工夫をした。

私自身、父が早稲田の山岳部の後輩で、子どもの時から一緒に山を歩き、吉阪の話も聞いていた。大学でも「山が好きなら吉阪先生のところがいいよ」と周囲から声をかけられもした。U 研究室に入るきっかけは大学セミナー・ハウスの建築との出会いであったが、その前に山があった。

吉阪はどこへ行っても、鎮守の森や山に登り、まず高いところから地形と集落を見渡した。亡くなる年の夏、吉阪家と U 研の若手で大島を訪れた。朝、船を降りると、「まず、三原山に登ろう」と吉阪の提案。大島大火の復興計画で、地域のシンボルとなる〈水取山計画〉＊20 を提案した三原山の溶岩が広がるなか、先頭を悠々と歩いていったのは吉阪だった。

登山は自然の中に身を置き、一歩ずつ歩を進めて頂きに立つ。何年もかけて設計をして建築やまちをつくる、時を積み重ねていく手応えは似ている。そして、悠久の時と自然の力を感じ、人間が決めた社会のルール、形骸化した常識を見直すきっかけになる。吉阪はよく、とんでもない意見を平気で主張する、と評されたが、狭い社会の常識にとらわれることなく、おかしいと感じることを当たり前に主張し続けた。山では、人間も自然の一部であり、人間のおごりを顧みること

野沢温泉スキーロッジ
右頁、立山ロープウェイ大観峰から黒部平駅、黒部湖、後立山連峰を望む

ができる。

北アルプスから帰ってきた吉阪は、「山に行くと、良心と向き合うことが出来る」と語った。冬の富士登山では「一面の雲海の上から世界を眺めているとあくせくとした下界での自分の姿が実に惨めに感じられる」＊21と。時間も、場所も、限りなくひろがっていく。それが山つながりの感覚であった。そして、5,000メートルを越える高地でも、厳しい極地でも、移動して命を守るテントが、吉阪の追求した住居の極限のかたちではないかと、私は考える。

＊16 ベントのピッケル→p.153
「早稲田大学に入学して、山岳部に入ったことを父は喜んで、その翌年スイスへ行ったときにベントのピッケルをグリンデルワルトから買ってきてくれた。柄がひどく短いので驚いたのだった」
『山と渓谷』1974年7月
＊17 K2 エベレストに次ぐ標高8,611mの世界第二の山。カラコルム山脈の最高峰。測量番号No.2。
1955年に遠征計画をたて、実現したのは1981年、早稲田大学隊西稜ルート初登頂。愛用のピッケルは頂上の直下に今もある。
＊18『吉阪隆正の迷宮』p.169
＊19『吉阪隆正集14 山岳・雪氷・建築』p.282
＊20 水取山→p.156～159
＊21『吉阪隆正集14』p.282

実験住居で育つ……
DISCONT 家族

私がU研究室に入ったのは、吉阪が還暦の年。急逝するまで、四年弱の短い期間であった。大学にいた頃も、吉阪は不在で、ほとんど顔を見る機会がない。全集などの手掛りがある今よりも、ずっと謎に包まれた存在であった。そこでせっせと講演会に足を運んだ。お茶の水文化学院での連続講演会では、連日学生が早くから並んでも定員になるとそこで終わり、という日が続いたが、その日は違った。直前でもう締切といわれた時、吉阪が声を掛けた。床を指差しながら「まだ入れますよ」。私は、最前列の床に座って、ゆっくりとコルビュジエのアトリエでの話を楽しんだ。マルセイユ・ユニテの色は、色紙を切ってフワッと撒いて決めたこと。コンクリートがうまく打てなかったことを嘆くと、ピカソにおもしろい造形だといわれ、レリーフに活かしたことなど、つくることを楽しむ現場が伝わってきた。

先輩からは「吉阪先生の奥さんは、アンデスから一緒にきたインディオらしい」と聞かされた。自邸を訪ねた時に、お会いした奥様の不思議議な存在感のある雰囲気に、なるほどと

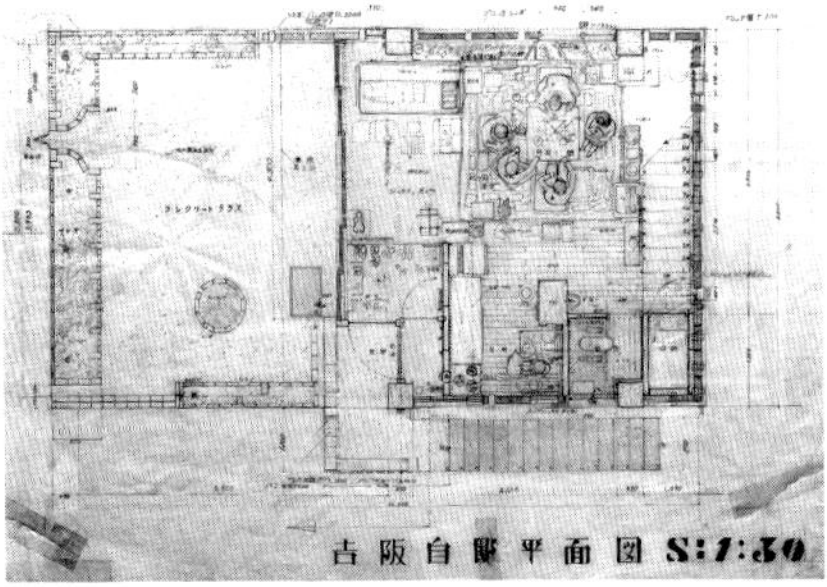

誤解したこともあった。駅前の雑踏から一歩路地を入ると、竹やぶと夏草の繁る庭に年代不詳のコンクリートの建物がすっくと建つ自邸は、何がおこってもおかしくない場所にみえた。同時に吉阪の建築の出発点であり、生活学、家族論、建築教育の実践の場であった。吉阪は建築が保存されることを嫌っていた。建築は時代とともに姿を変えながら生き続けること。時間をかけてつくり続けること。その思想を最も忠実に生きた住居であった。

自邸の構想はパリで生まれた。冨久子殿ではじまる〈パリからの手紙〉には、家族への想いがあふれ、同時に帰国後の夢、自邸のプランが届けられた。50年代、ピロティで床を持ち上げた、高床のモダニズム住居の蝶ネクタイの吉阪。

60年代、ネクタイを外し、ひげを伸ばして大地の力を感じさせるようになると、自邸も姿を変えていく。床に直に置かれたこたつを囲むように、書物や書類、原稿や資料、酒瓶が山と積まれてその間に人のすわれる場所が少しだけ残されていた。庭にプレファブのU研アトリエを建ててスタッフや学生が出入りするようになり、ピロティの下に増設した息子たちの部屋は、若手の仮眠場所にもなる。70年代、長男正邦、輝子夫婦の住まいを別棟につくり、二世帯居住。次男

左頁、吉阪邸2階平面、居間のこたつを囲む家族、実測平面図、吉阪正光氏作図 1973年
右頁、家族も一緒に人工土地の庭でバーベキュー

正光、長女岳子は近所に部屋を借りる。客間は表通りの洋菓子店トリアノンの喫茶室。住居と家族は都市の中に分散し、自邸には誰彼の区別なく人が集まる。そんな家族像の真ん中にいる大きな存在が小柄なふく夫人だった。タバコを手に、「この家には、地中海のお天気も一緒にもってきてもらわないとね」と、厳しい実験住居批評を展開する。そこには吉阪思想の矛盾を突く、吉阪以上に常識にとらわれずに社会批判と本質を見据える包容力のある眼があった。

ふくさんは、ほんとうに家事は何もしなかった。「理論と理想の全世界観」＊22 実験住居がすべてを放棄させた。こたつの上の電熱器で調理。洗濯はすべてクリーニング、掃除もしない。吉阪は時々バケットを手に階段を上る。手に触れたものすべてを収集する吉阪の周りは、自邸も、書庫も、アトリエの机も本と物に占拠される。吉阪が長期不在になると、二階の踊り場から、家具や物が延々と降ってきた。ふくさんが、せっせと捨てている。気がつくと庭には物が山積みになった。岳子さんは学校から帰るとアトリエで宿題をしている。私が夜遅く仕事をしていると、ふくさんから「夕食は」と尋ねられ、「一緒に」と三人で、正邦さん不在の食卓で輝子さんに料理をごちそうになった。家族の中にどんどん周りも引

＊22『乾燥なめくじ―生い立ちの記』かんそうなめくじの妻大いに語る
左頁、一筆画きのタカとフク 1979.8.4
右頁、吉阪邸実測断面図、吉阪正光氏作図　1973 年

き込まれていくような、百人町の磁場があった。そこは建築も教育も家族も思想もひとつになって、発信される場所であった。

核家族の個人が核となり、家族の最小単位から開放され、周りと反応して、世界中に広がっていった。不連続の連続、DISCONT 家族だ。

吉阪が不在でも、自邸にはいつも人が集まる。庭で火を焚き、肉を焼く。学び、つながり、人が育つのはそんな場所があるからだ。そして、自邸は物に囲まれた太古の洞窟と化し、吉阪の身体と同一化した存在になっていた。1980 年秋、吉阪の入院と同時に松崎が雨漏りの補修をして大改装し、屋上に屋根をかけた。12 月に急逝した吉阪の後を追うように、1983 年 5 月、雑踏のなかに凛と建ち続けた自邸は姿を消した。けれど、百人町で過ごした時間を核に、吉阪の〈ことば〉と〈かたち〉は私たちの中で増幅を続ける。

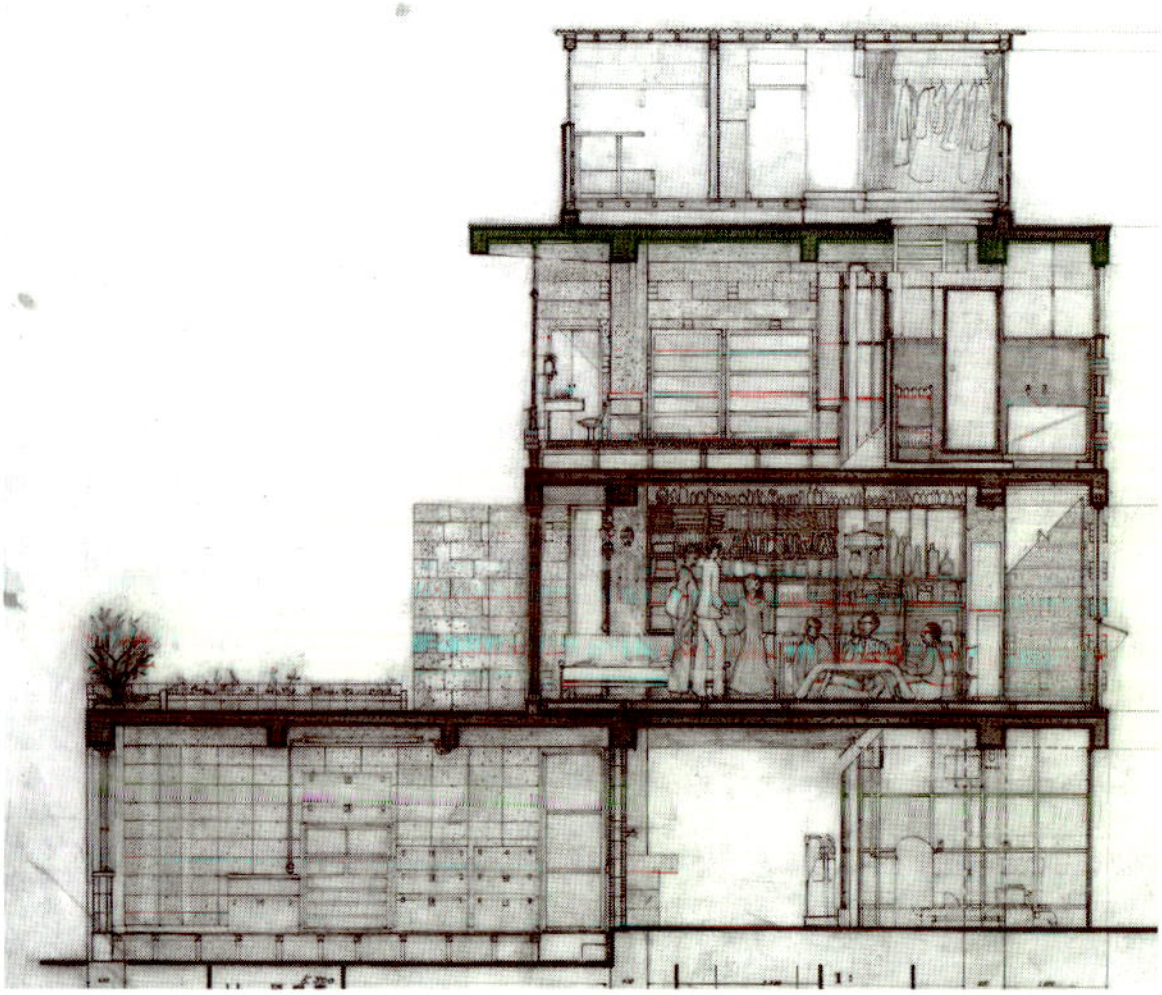

左頁、〈実験住居　吉阪自邸〉門も塀もない土と緑の庭では、子どもたちが遊び、夏でも涼しい風が吹く。人を育て、まちを変える力があった。取り壊し直前　1983 年 5 月
右頁、9 間× 2.5 間、プレファブの U 研究室、1962 ～ 73 年、吉阪正光氏作図

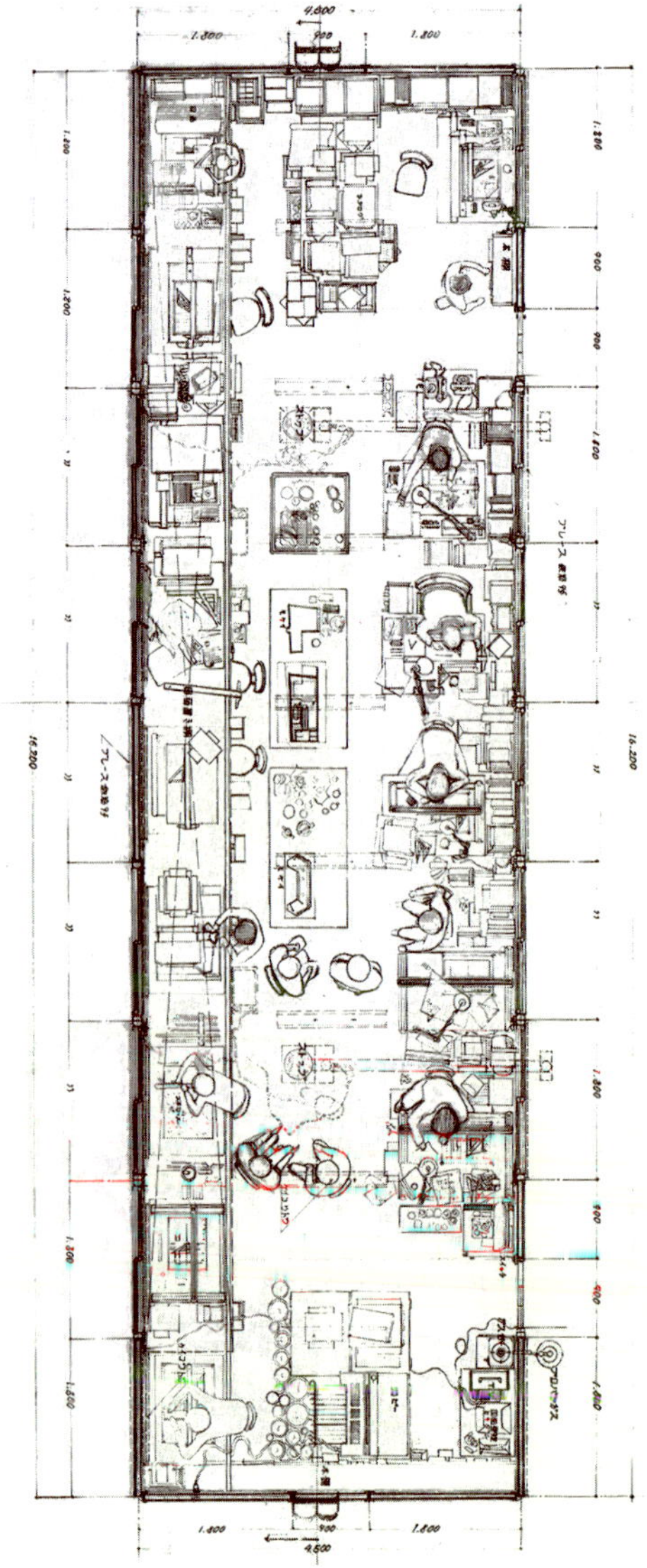

〈ことば〉と〈かたち〉
U 研究室とは

アトリエは、不連続統一体を実践する創作の場であった。一人ひとりの主体的な判断を何よりも大切にし、個々の力がぶつかりあって、吉阪の案も、新入りの案も、対等にディスカッションで叩かれながら生きた形をつくる。

1954 年、早稲田大学旧校舎の建築学科教室、ブラジルサンパウロ・ビエンナーレ国際設計競技 1 等。吉阪は、学生を巻き込みながら、吉阪研究室として旺盛な設計活動を展開していった。生涯のパートナー大竹十一、自邸の現場を担当した城内哲彦、そこに滝沢健児、松崎義徳が加わり、5 名の創設メンバーが揃う。吉阪の弟分の集まりが、後の U 研究室の出発点である。54 年から浦邸、56 年ヴェネチア・ビエンナーレ日本館、十河邸、ヴィラ・クゥクゥ、57 年丸山邸、海星学園、58 年呉羽中学校、南山小学校計画、日仏会館、59 年には江津市庁舎、多磨霊園吉阪家の墓などを次々と実現していく。そして、コンゴ・レオポルドビル文化センター国際競技設計 3 等入賞 (1,2 等なし)。学生の戸沼幸市、鈴木恂、沖田裕生が参加する。

＊ 23 箱根→ p.112 ～ 116
＊ 24 大島→ p.66 ～ 71、156 ～ 159
＊ 25 昭和の森→ p.146 ～ 152
左頁、コンゴ→ p.168 ～ 175 の模型を前に、後列左より、松崎、大竹、吉阪、沖田、城内、前列、山口、鈴木、戸沼、滝沢　1959 年
右頁、自邸書庫の U のタイルレリーフ

建築を宇宙的視野でとらえながら、身体で感じ取ることを大切にする。人と人、人と物の関係を問い、ことばに立ち返り、手を動かし、形姿の意味を考え、つくっていくことが、普通に身についた方法であった。

60 年代になって、設計室を自邸の敷地に移した。アテネ・フランセ、大学セミナー・ハウスの設計が始まり、吉阪はキューバから帰国して、髭を生やし始める。

64 年、U 研究室と改称し、人数も増える。後に独立して、象設計集団を設立する、大竹康市、富田玲子、樋口裕康が若手を引っ張りながら、生駒山宇宙科学館、箱根国際観光センター競技設計＊[23]、大島元町復興計画＊[24]へと活動をひろげていく。

大島計画には、新設した大学の都市計画研究室吉阪研究室から、地井昭夫、田中滋夫、重村力等が参加する。早稲田大学産業専修学校（現　芸術学校）の学生も大勢加わった。

大学紛争まっただ中の 69 年から、早稲田大学理工学部長就任、教育者として飛びまわる。長野では環境大学の活動をすすめ、「人を育てることがまちつくり」と語っていた。「人を集める建築はもういらない、何もつくらない空地の方がシンボルになる」と、環状線の中に〈昭和の森〉＊[25]を提案した。

左上、今井兼次、武基雄、吉阪と第３回ブラジル　サンパウロ・ビエンナーレ計画案模型を囲んで　1957 年→ p.246
左下、ヴェネチア・ビエンナーレ日本館の現場で吉阪と大竹 1956 年
右頁上、ディスカッションの中心は油土（ゆど：油粘土）模型→ p.109 国際会議場設計競技の模型に取り組む吉阪　1963 年
右頁下、U 研では大竹に図面の作法を叩き込まれた。建物が竣工しても、設計は終わらない。図面の完成へ向けいつまでも描き続けた大竹の製図道具→ p.132 ～ 133

住居からまちつくりへ……
原寸から宇宙へ

1950年、フランスへ旅立つ前に出版したのが『住居学汎論』である。序には、師の今和次郎が「わたくしのいわゆる生活学派的な住居研究に共鳴している一人」である吉阪の研究に期待のことばを寄せている。

1952年、インド、チャンディガール経由でヒマラヤを望みフランスから帰国。建築家として最初の仕事、百人町の自邸を世に問う。「大部分の人からヒデーモノヲツクリヤガッタといわれるような物をつくりたいと思います。旧来の概念をぶちこわして新しく組立てたものを、そして、30年後位にあれがやはりエポックをマークしたものだというようなものを」＊26と、コルのアトリエから手紙で書き送った。「住居は個人の自由と集団の利益との境界線の存在であらねばならぬのである」＊27と、大地を開放した住居は同時にまちつくりの計画へとつながり、焼け跡の復興とまちつくりの夢を実現する。

行政のまちづくりに対して個人が主体となってまちを変える〈まちつくり〉を、吉阪は提案した。建築の内部と同じくらい

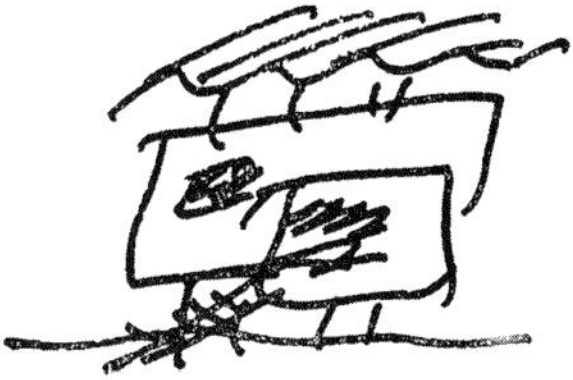

＊26『吉阪隆正集4』p.28
＊27『吉阪隆正集10』p.12
＊28『吉阪隆正集4』p.118
＊29 → p.120~125
左頁、1952年5月22日パリからの手紙、自邸最初のスケッチ
右頁、ヴェネチア・ビエンナーレ日本館

外部を考え、コンペでも「隣まで提案しましょう」と困らせた。

留学時代に出会った、数学者　浦太郎邸の設計は、パリでスタートし、生涯の設計のパートナーになる大竹十一が延々とエスキスを続ける。その数200枚。正月休みの数日、吉阪はその中から数点を選び、プランを展開していく。再び大竹の手で、細部を詰めていく。その有機的ともみえる設計プロセスから、正方形を二つ組み合わせたピロティのあるコンクリートの住居〈浦邸〉が誕生した。50年以上経った現在も、敷地をまちに開放した、まちつくりの理念を伝える。

吉阪は浦邸について「設計表現の合理化」＊28と題する図面表現の解説を書いている。「大工さんたちが、簡単な線描きの間取りと、高さの関係を示す尺棒とだけで家を建ててしまう」ところまで簡略化した表現を求めた。けれど、大竹は、すべての枠、詳細を現寸、一分の一で表現した膨大な図面を描き続けた。そんな、とことん対象的な二人が次に取り組んだのが、イタリア、ヴェネチアのビエンナーレ美術展パビリオン〈日本館〉＊29である。まずは吉阪が現地に飛び込み、スタートをきる。工事が始まると、大竹が現場に張り付き図面を描く。交渉役の吉阪は、その合間に、国際会議、調査と各国を飛びまわっている。

34

左上、大竹の浦邸エスキスは 200 案以上
左下、正方形を二つ組み合わせた浦邸
右、海星学園　長崎、現場でカメラを構える吉阪とモデュロールで割り付けた木製建具

その後の設計でも、常にといってよいほど吉阪不在の中でで建築は竣工した。「彼の不在にわれわれは慣らされていた。ただ一つ困ることは、山や旅行から帰って来ると、今迄やっていた案をひっくり返すような案をもちだすことだった」*30 と松崎は記す。

吉阪は人と人の関係をつくる場所として建築を考えた。遠く立山連邦の山なみを望む富山、呉羽町の〈呉羽中学校〉では、生徒が小さな集団から大きな社会へとつながるように計画した。クラスの仲間、そして各階でホールを囲む三つの教室の集合、一学年が一つの棟、そして、中庭に面した回廊に全学年 1,000 人の生徒が集まる。講堂や体育館とは全く異なり、中庭は全校生徒の顔が見える集会の場所になっていた。休み時間、生徒たちが教室から出て来ると、校舎全体が生き生きと躍動する。中庭を囲んでバルコニーを巡らせた、円形の劇場のような中学校校舎では、誰もが舞台に立っている。合唱の練習、部活のランニング、おしゃべりと、いつまでもあきることのない時間が流れる。1960 年から五年越しで一年に一棟ずつ、町の教育への熱意を集結して建設した校舎は、残念ながら建替えのため姿を消し、幻の場所になった。

＊30『吉阪隆正集 14 山岳・雪氷・建築』p.287

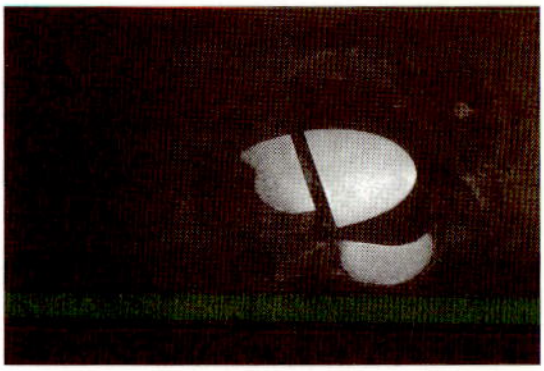

左頁、傾斜地の斜面に突き刺すように配置した、海星学園校舎
上左、江津市庁舎　島根 1963 年竣工、土木の構造技術でピロティをつくり市民広場として提案した
上右、江津市庁舎、階段ホール床に埋め込まれた真鍮の数字サイン
中左、コンクリートのレリーフ、ヴィラ・クゥクゥ外壁（坂上政克制作）
中右、彫塑的なコンクリート表現の住居、ヴィラ・クゥクゥ
下、アテネ・フランセ校舎　お茶の水、外壁はアンデスの夕焼けの色

呉羽中学校　富山、中庭を囲む校舎のバルコニーに全校生徒がそろって合唱の歌声が響く。劇場のような活動の場所が魅力の校舎であった。1995 年 7 月

生活学から有形学へ

吉阪が、最期まで自分の手でつくることにこだわっていたのが本だ。フランス留学中のスケッチを豆本『パリ 1950-1952』(1953年)に、〈パタパタ〉と呼んでいた屏風折の本にまとめたアンデスの神話絵本『宇為火タチノオハナシ』(1961年)をアルゼンチン・ツクマン大学滞在後、そして、大陸との出会いと再会を綴った『かんそうなめくじ 1945-1975』(2004年)は、出版のための原稿が遺されていた。

著書は、思想を辿る手がかりになる。世界中のアノニマス建築を集めた『環境と造形』(1955年)は、地球を駆けた吉阪の建築観を現す先駆的な著作であった。大きな節目になっているのが自邸についての『ある住居』(1960年)、そして『ある学校』(1960年)。『告示録』(1972年)は、大学紛争の中で、権力と暴力を排除し、学生に語りかける告示で, 対話を求め続けた吉阪の思想と行動を、痛々しい想いとともに現在に伝える。その膨大な著作は、住居学から建築論、大陸横断紀行、山岳、教育、あそびと多岐にわたり、『吉阪隆正集全17巻』として、弟子たちの手で出版された。

教育者としての出発点『住居学概論』(1949年)に「つく

左頁、〈生活学会〉の民家調査　1975年 佐渡
右頁、U研究室での模型を囲むディスカッション　1963年

りつつ逆につくられてゆくのが生命あるものの辿るみちです。住居も人間がつくりつつ、逆に人間がその住居に作用されてつくられてゆく」と綴った〈ことば〉は、「一つのまとまりは一つの形を持っていた。形には意味があった。今それは失われた、だが人々はやはり意味のある形を求めている」と、『住居学』（1965年版）の最後の章で「形をあらしめるための文法を確立しよう」と〈有形学〉へと展開する。

「建築やまちをつくるためには、専門家だけを育ててもよくならない」と、〈かたち〉と〈ことば〉を手に吉阪はドン・キホーテのようにひろく語り続けた。「有形学を考えた動機は、人類が平和に暮らせるようにとの願いだ」と最初に詠う『生活とかたち - 有形学』（1980年）では、最期の力で問いかける闘いである。同時に、若き日の夢や希望とともに、創り語る吉阪に出会うこともできるのが、建築の〈かたち〉と記された〈ことば〉の力でもある。

私たちには、自在に時空を巡る手がかりが、手渡されていることを忘れてはいけない。

原点に立ち戻る
大学セミナー・ハウス

多摩丘陵の自然のなかで、学ぶことの原点に立つ場所として1965年に開設した研修施設〈大学セミナー・ハウス〉＊31は開設50年を迎えた。緑の中に深く包み込まれる建築群は、〈不連続統一体〉を設計手法として、造形として実現した代表作のひとつである。

創設者 飯田宗一郎＊32は〈Plain Living, High Thinking—生活は簡素に、思考は高潔に〉を生活理念に掲げ、「大学セミナー・ハウスとは何か。その問に対し〈建物と人間と理念の綜合〉であると私は答えている」と記している。

「人間は生き物として、認識を同時にできる限界がある」と吉阪は考え、宿舎から研修室、食堂の配置計画を何案も練る。そして、自然の中に点在させたユニット・ハウスが二人で宿泊する最小単位になり、地形にそって集まった20から30人の群が七つ。そして、50人のセミナー室、100人の講堂、200人が集まる食堂と、段階的に人のつながりができる。まちつくりの方法が形になっている。

また、最初の施設が完成してから、少しずつ、必要に応じ

＊31 → p.118 〜 119、127 〜 129
＊32 飯田宗一郎（いいだ　そういちろう　1910~2000）フレンド派の宣教師の影響を受け、同志社大学卒業後、戦後の新制大学の立ち上げに従事。本来の人間形成に必要な教育の場をつくるために大学セミナー・ハウスを創設した。
左頁、ユニットハウス1群宿舎と中央セミナー室のピラミッド屋根
右頁、大地に楔を打ち込んだ、逆ピラミッドの本館

て新しい施設が計画され増えていく。谷の向こうにも新しい村ができる。原則は、人工土地をつくり、丘陵地の自然の地形を活かすこと。時間を重ね、現在も姿を変えていく。

建築は、時間をかけてつくり続ける、保存されるのではなく、時代とともに姿を変えながらも生き続けることが本来であると吉阪は説き続けた。

首都圏の郊外、環境は半世紀で激変した。起伏のある多摩丘陵は造成されて、住宅地が迫ってくる。セミナーの敷地は貴重な自然を残す役割を果たしている。同時に私たちを取り巻く生活環境も激しく変化した。舗装されていないデコボコ道を歩くことはなくなり、機械設備に頼り膨大なエネルギーを消費して生活は営まれている。

そんな時代にあって、大学セミナー・ハウスの建築は、人と人のコミュニケーションの単位、自然の中での生活と環境、形の力、そして〈生きるために本当に大切なことは何か〉と考える〈吉阪思想〉に触れる場所である。